图解二十大党章

本书编写组 | 编

人民出版社

责任编辑：任　民

图书在版编目（CIP）数据

图解二十大党章 / 本书编写组编 . —北京：人民出版社，2022.11
ISBN 978-7-01-025265-0

Ⅰ.①图…　Ⅱ.①本…　Ⅲ.①中国共产党—党章—学习参考资料
　Ⅳ.① D219

中国版本图书馆 CIP 数据核字（2022）第 210228 号

图解二十大党章

TUJIE ERSHIDA DANGZHANG

本书编写组　编

人民出版社　出版发行

（100706　北京市东城区隆福寺街 99 号）

环球东方（北京）印务有限公司印刷　新华书店经销

2022 年 11 月第 1 版　2022 年 11 月北京第 1 次印刷

开本：710 毫米 ×1000 毫米 1/16　印张：15

字数：200 千字

ISBN 978-7-01-025265-0　定价：48.00 元

邮购地址　100706　北京市东城区隆福寺街 99 号
人民东方图书销售中心　电话（010）65250042　65289539

出版说明

党章是党的总章程，集中体现了党的性质和宗旨、党的理论和路线方针政策、党的重要主张，规定了党的重要制度和体制机制，是全党必须共同遵守的根本行为规范。中国共产党第二十次全国代表大会审议并一致通过的《中国共产党章程（修正案）》，在保持党章总体稳定的前提下，适应新形势新任务对党的工作和党的建设提出的新要求，对党章进行了适当修改，把党的十九大以来习近平新时代中国特色社会主义思想新发展写入党章，把党的十九大以来党中央提出的治国理政新理念新思想新战略写入党章，把党的十九大以来党中央推动全面从严治党向纵深发展一系列重大创新成果和行之有效的成功经验写入党章。修改后的党章充分体现了党的十九大以来党的理论创新、实践创新、制度创新成果，体现了党的二十大报告确定的重要思想、重要观点、重大战略、重大举措，对坚持和加强党的全面领导、坚定不移推进全面从严治党、坚持和完善党的建设、推进党的自我革命提出了明确要求。

为帮助广大党员更好地学习二十大党章，我们延续出版《依法治国七讲（图解版）》《十九大精神十三讲（图解版）》《十九大党章十讲（图解版）》等图书的做法推出了本书。本书邀请有关专家编写，从十个方面，重点对二十大党章中的新理念新思想新战略进行了深入解读，并辅以大量图示、图表等，直观、通俗、生动地介绍了二十大党章的内容，力求让更多读者理解把握二十大党章的主要精神，踔厉奋发、团结奋斗，为全面建设社会主义现代化国家贡献力量。

人民出版社

2022 年 11 月

目　录

二十大党章的文本结构示意

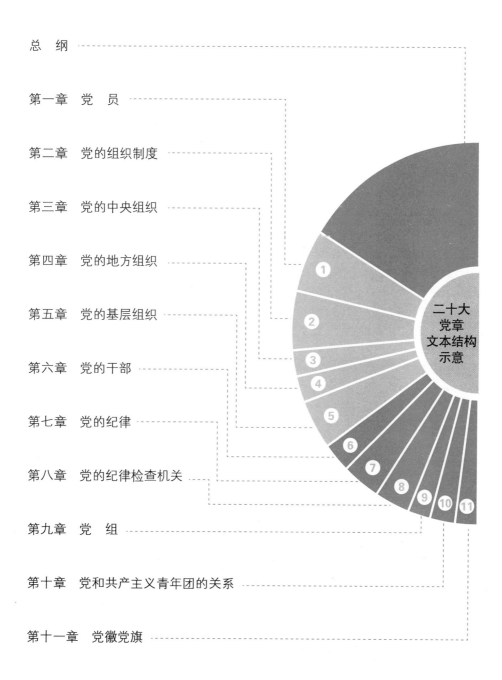

总　纲

第一章　党　员

第二章　党的组织制度

第三章　党的中央组织

第四章　党的地方组织

第五章　党的基层组织

第六章　党的干部

第七章　党的纪律

第八章　党的纪律检查机关

第九章　党　组

第十章　党和共产主义青年团的关系

第十一章　党徽党旗

第一讲

千秋伟业领航程

——二十大党章的重大意义

 一 管党治党总章程

 二 百年征程与时进

 三 继往开来擘蓝图

 四 学习贯彻展新容

党的二十大，是在全党全国各族人民迈上全面建设社会主义现代化国家新征程、向第二个百年奋斗目标进军的关键时刻召开的一次十分重要的大会。党的全国代表大会根据理论创新、实践创新、制度创新的需要对党章进行修改，是我们党的一个惯例。现行党章是党的十二大修改制定的。党的二十大全面总结新时代以来以习近平同志为核心的党中央团结带领全党全国各族人民坚持和发展中国特色社会主义取得的重大成就和宝贵经验，分析国际国内形势，全面把握新时代新征程党和国家事业发展新要求、全国各族人民新期待，制定行动纲领和大政方针，提出了一系列新的重要思想、重要观点、重大论断、重大措施。在党章中体现党的二十大报告的重要内容，使之成为全党的行为规范和根本遵循，有利于把学习党章与学习党的二十大精神有机结合起来，推动党的二十大精神贯彻落实。党的二十大通过的《中国共产党章程（修正案）》，全面总结党的百年奋斗重大成就和历史经验，集中体现了在新时代新征程进行伟大斗争、建设伟大工程、推进伟大事业、实现伟大梦想的新理念新思想新战略，以及党的建设新要求，为指导党和国家的事业以及党的建设提供了新指南，在党的发展史和党章发展史上具有极其重要的意义。

一、管党治党总章程

（一）党章的地位

党章是中国共产党立党、管党、治党的总章程，是党的根本大法，

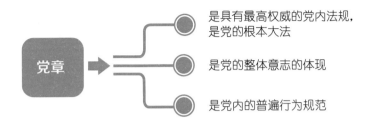

是具有最高权威的党内法规，是党的根本大法

党章

是党的整体意志的体现

是党内的普遍行为规范

对坚持党的全面领导、推进全面从严治党、加强党的建设具有根本性的规范和指导作用，是全党必须遵循的总规矩。

第一，党章是具有最高权威的党内法规，是党的根本大法。党内其他所有法规都是党章的延伸或补充，都必须服从或从属于党章。党章的创制、修改、解释及停止生效，全部权力集中于党的全国代表大会。

第二，党章是党的整体意志的体现。党章对党的性质和宗旨，党的指导思想和奋斗目标，党在不同历史阶段的基本路线和基本方略作了明确规定，集中表达了我们党的理论基础和政治主张，集中体现了我们党的整体意志和共同理想，为全党统一思想、统一行动提供了根本准则。

 权威声音

习近平（中共中央总书记、国家主席、中央军委主席）：党章是党的根本大法，是全面从严治党的总依据和总遵循，也是全体党员言行的总规矩和总遵循。全党学习贯彻党章的水平，决定着党员队伍党性修养的水平，决定着各级党组织凝聚力和战斗力的水平，决定着全面从严治党的水平。不论是高级干部还是普通党员，要做合格党员，学习贯彻党章都是第一位的要求。

第三，党章是党内的普遍行为规范。党章规定了党组织和党员的行动规范。就像整个社会需要用法律来规范人们的行为一样，在党内，为了维护正常的党内生活秩序、调整党内关系，也需要确立一种适用于所有党组织和党员的普遍行为规范，以指导和约束每个党组织、党员的行为，党章正是这种指导全党思想和行为的规范。

（二）党章的作用

第一，党章是统一全党思想和行动的武器。党章对党的性质和宗旨，党的领导地位和领导原则，党的指导思想，党的最终目标及近期、中期任务，党的全面建设社会主义现代化国家战略部署，党的组织原则及组织构成、职权划分，党员标准及党员的义务与权利，党的纪律等方面作出了明确的规定，集中体现了全党的最高利益和最大利益，是统一全党思想和行动的武器。

第二，党章是全面从严治党的根本依据。党章对党内政治生活、组织生活的重大原则问题提出了明确要求，规定了党内的各项基本制度。在世情、国情、党情发生深刻变化的新形势下，落实管党治党的任务比以往任何时候都更为繁重、更为紧迫。党章确定了全党必须遵循的行为准则，为不断保持和发展党的先进性和纯洁性、不断提高

党章的重要作用

▶ 党章是统一全党思想和行动的武器

▶ 党章是全面从严治党的根本依据

▶ 党章是加强党员党性修养的根本标准

党的长期执政能力和领导水平、不断提高党的拒腐防变和抵御风险能力、完成党的各项任务提供了坚强保证。

第三，党章是加强党员党性修养的根本标准。党章作为党的根本大法，对党员的义务和权利以及党的干部应该具备的基本条件、恪守的行为规范、严守的政治纪律等都作出了明确规范，是各级党组织和广大党员、干部进行自我教育、自我提高的行动指南。

（三）党章的结构

二十大党章分为总纲和条文两大部分。

总纲，就是总的纲领、原则和要求。二十大党章总纲部分集中规定和阐述了党的性质和宗旨、党的指导思想、党的奋斗目标和历史任务、党在社会主义初级阶段的基本路线和新时代新征程中国特色社会主义事业的基本方略、党的建设的新要求等若干重大问题。它是党章的核心部分，是党的基本政治主张，是党制定各项方针政策的根本依据。

二十大党章的条文部分共 11 章 55 条，是党的各级组织和全体党员、干部必须严格遵守的行为规范。概括起来，主要包括以下几个方面的内容。

第一，党员和党的干部。二十大党章的第一章"党员"（第一至九条）主要是对党员的条件，党员的吸收、管理和处置作出具体规定。第一条是申请入党的条件；第二条是对中国共产党党员本质属性的高度概括；第三、四条是党员必须履行的义务和享有的权利；第五条对发展党员必须坚持的原则和必须履行的手续作了严格的规定；第六条对预备党员宣誓及入党誓词作了明确规定；第七条对预备党员的预备期、义务和权利及转正手续作了明确规定；第八条规定了每个党员应参加党的组织生活，接受党内外群众的监督；第九条对党员退党、自行脱党的问题，帮助教育和处置不履行义务、不符合条件的党

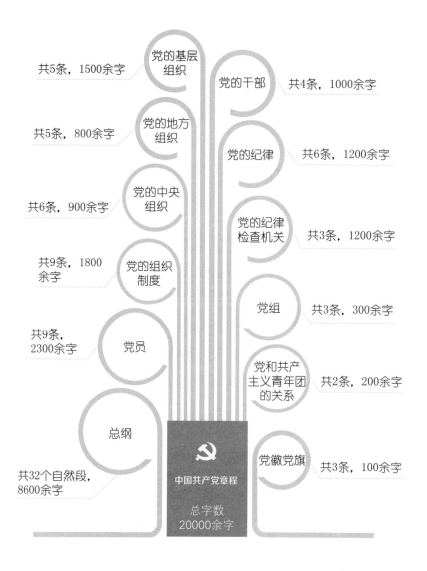

共5条，1500余字　党的基层组织

党的干部　共4条，1000余字

共5条，800余字　党的地方组织

党的纪律　共6条，1200余字

共6条，900余字　党的中央组织

党的纪律检查机关　共3条，1200余字

共9条，1800余字　党的组织制度

党组　共3条，300余字

共9条，2300余字　党员

党和共产主义青年团的关系　共2条，200余字

总纲

中国共产党章程

总字数20000余字

党徽党旗　共3条，100余字

共32个自然段，8600余字

员等，作出了明确规定。

　　党的干部是党的事业的骨干，对他们的要求应当更高、更严格。因此，二十大党章第六章"党的干部"（第三十五至三十八条）对此专门作了规定。其中，第三十五条规定了选拔干部的原则、方针和基本政策；第三十六条规定了党的各级领导干部必须具备的六项基本条件，从政治理论、理想信念、思想作风、能力水平、勤政廉洁、民主

团结方面对领导干部提出了明确要求。

第二，党的组织制度。中国共产党是根据自己的纲领和章程、按照民主集中制组织起来的统一整体。民主集中制是我们党的根本组织原则和领导制度，是全体党员、党的组织和党内活动必须严格遵循的基本准则。因此，二十大党章第二章"党的组织制度"（第十至十八条）对党的民主集中制的科学内涵进行了全面阐释，对执行民主集中制的一些相关问题作了规定。

第三，党的组织体系。建立严密的组织体系，是确保党的凝聚力和战斗力的基础。二十大党章第三章"党的中央组织"（第十九至二十四条）规定了党的中央组织的产生办法、任期和职权。第四章"党的地方组织"（第二十五至二十九条）规定了党的地方组织的产生办法、任期和职权。第五章"党的基层组织"（第三十至二十四条）规定了党的基层组织的产生办法、任期和基本任务。其中，第三十三条根据基层党组织所在领域的不同性质，分别对街道、乡、镇的基层委员会和村、社区党组织，国有企业和集体企业，非公有制经济组织，社会组织，实行行政领导人负责制的事业单位，各级党和国家机关中的党的基层组织的地位及其如何行使职权、发挥作用提出了明确

 权威评论

　　唐方裕（中共中央办公厅副主任兼调研室主任）：党的二十大综合各方面意见，顺应各级党组织和广大党员愿望，对党章作出适当修改，使修改后的党章充分体现马克思主义中国化时代化最新成果，充分体现党的十九大以来党中央提出的治国理政新理念新思想新战略，充分体现党的工作和党的建设的新鲜经验，对于深入推进新时代党的建设新的伟大工程具有重大意义。

要求。第九章"党组"（第四十八至五十条）对在中央和地方国家机关、人民团体、经济组织、文化组织和其他非党组织的领导机关中成立的党组的地位和任务、党组成员的产生办法作出了规定。

第四，党的纪律和纪律检查机关。党的纪律是党的各级组织和全体党员必须遵守的行为规则，是维护党的团结统一、完成党的任务的保证。二十大党章第七章"党的纪律"（第三十九至四十四条）对执行和维护党的纪律作出了明确规定。第八章"党的纪律检查机关"（第四十五至四十七条）规定了党的各级纪律检查委员会的产生、领导体制、主要任务和职权。

第五，党和共产主义青年团的关系及维护党徽党旗尊严。二十大党章第十章"党和共产主义青年团的关系"（第五十一、五十二条）明确了共青团的性质和地位、党与共青团的关系，强调了党的各级委员会要加强对共青团的领导，坚决支持共青团的工作，充分发挥共青团的突击队作用和联系广大青年的桥梁作用。第十一章"党徽党旗"（第五十三至五十五条）规定了党徽党旗的样式，维护党徽党旗的尊严，以及党旗的制作和使用。

二、百年征程与时进

党章作为中国共产党管党治党的总章程，引领中国共产党百年奋斗历程，指导中国共产党不断自我革命，党的生机活力与日俱增，领导中华民族复兴大业兴旺发达。中国共产党自1921年诞生至二十大，先后制定、修正过20次党纲和党章，党章修订的历史进程大约经历了初步形成时期（一大至六大）、曲折发展时期（七大至十一大）、完善成熟时期（十二大至二十大）三个阶段。

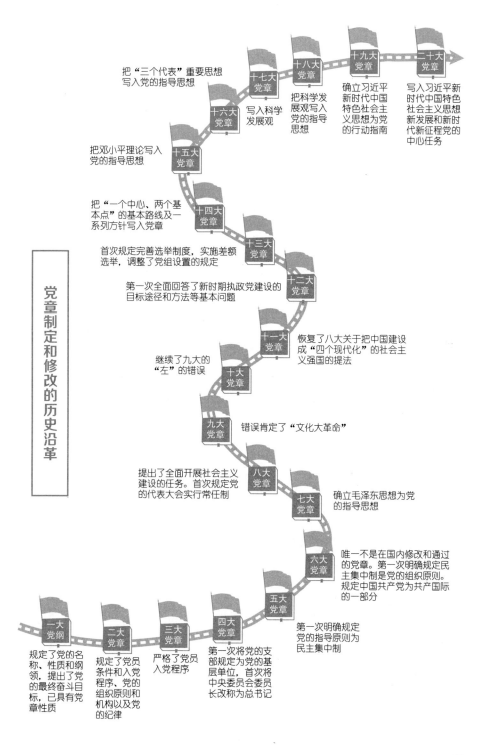

党章制定和修改的历史沿革

把"三个代表"重要思想
写入党的指导思想

十七大党章

十八大党章
把科学发展观写入党的指导思想

十九大党章
确立习近平新时代中国特色社会主义思想为党的行动指南

二十大党章
写入习近平新时代中国特色社会主义思想新发展和新时代新征程党的中心任务

十六大党章
写入科学发展观

把邓小平理论写入党的指导思想

十五大党章

把"一个中心、两个基本点"的基本路线及一系列方针写入党章

十四大党章

十三大党章
首次规定完善选举制度，实施差额选举，调整了党组设置的规定

十二大党章
第一次全面回答了新时期执政党建设的目标途径和方法等基本问题

十一大党章
恢复了八大关于把中国建设成"四个现代化"的社会主义强国的提法

继续了九大的"左"的错误

十大党章

九大党章
错误肯定了"文化大革命"

提出了全面开展社会主义建设的任务。首次规定党的代表大会实行常任制

八大党章

七大党章
确立毛泽东思想为党的指导思想

六大党章
唯一不是在国内修改和通过的党章。第一次明确规定民主集中制是党的组织原则。规定中国共产党为共产国际的一部分

一大党纲
规定了党的名称、性质和纲领，提出了党的最终奋斗目标，已具有党章性质

二大党章
规定了党员条件和入党程序、党的组织原则和机构以及党的纪律

三大党章
严格了党员入党程序

四大党章
第一次将党的支部规定为党的基层单位，首次将中央委员会委员长改称为总书记

五大党章
第一次明确规定党的指导原则为民主集中制

（一）初步形成时期

第一，一大党纲（实际上的党章）。党的一大通过了《中国共产党第一个纲领》。这是我们党的历史上第一个马克思主义的光辉文献，兼具党纲和党章的特点，是党章的雏形。纲领共 15 条，规定了党的名称、性质和纲领，提出了党的最终奋斗目标。同时，对党的组织章程、组织原则、组织机构和发展党员作了明确的规定。但严格地说，这个党纲还不是正式的党章。

第二，二大党章。党的二大通过了《中国共产党章程》。这部章程是中国共产党第一部比较完整的章程，共 6 章 29 条。二大党章第一次详尽地规定了党员条件和入党程序，对党的组织原则、组织机构、党的纪律和制度也都作了具体的规定。

第三，三大党章。党的三大通过了《中国共产党第一次修正章程》，共 6 章 30 条。在党员入党程序方面，第一次规定了新党员候补期（劳动者 3 个月，非劳动者 6 个月）。党章还分别规定了候补党员和正式党员的权利和义务。

第四，四大党章。党的四大通过了《中国共产党第二次修正章程》，共 6 章 31 条。四大党章规定"凡有党员三人以上均得成立一支部"，在党的历史上第一次将党的支部规定为党的基层单位。从四大党章开始，中央委员会委员长的职务改称为"总书记"，地方各级党的执行委员会的委员长职务改称为"书记"。

第五，五大党章。党的五大没有专门讨论修改党章的问题，但在五大通过的《组织问题议决案》中指出，"认定必须改正并补充旧时党章"。五大闭幕后不久，中央政治局通过的《中国共产党第三次修正章程决案》，是党的历史上唯一一部不是由党的全国代表大会制定和修改的党章。这个修正决案共 12 章 85 条，对四大党章作了许多新的补充和修正，特别是在党的组织制度方面作出了远较前四个党章更详尽系统的规定，是我们党的历史上条目最多的党章。

第六，六大党章。党的六大通过的党章，是唯一在国外修订的党章，共 15 章 53 条。六大党章基本保持了五大党章的内容，凸显了共产国际的领导。六大党章首次明确规定党的民主集中制的基本原则，并在党员管理制度、党的组织结构等方面作出了新探索。

（二）曲折发展时期

第一，七大党章。党的七大通过的党章，是我们党独立自主制定的第一部党章。七大党章共 11 章 70 条。七大党章的特点：一是在

 深阅读

　　七大通过的党章，是党在民主革命时期一部最好的党章，是党成熟的标志。七大党章的一个突出优点是增加了总纲部分。总纲总结了党 24 年斗争的经验，吸收了世界工人运动的经验，明确了党的最高纲领和最低纲领，简要阐述了党的性质、奋斗目标和指导思想以及中国革命的性质、动力、任务和特点。七大党章第一次确立毛泽东思想为党的指导思想，为一切工作的指针。此外，七大党章特别强调了党的群众路线，完善了党的民主集中制原则，第一次以条文形式规定了党员的义务和权利。七大党章是党面临新形势和新任务制定的一个比较完备的党章，具有十分重要的意义。在七大党章制定的时候，共产国际已经解散，所以七大党章是我们党第一次独立自主地制定的一部反映自身建设经验和毛泽东建党理论的新党章。

　　（摘编自《七大、八大党章：日益成熟和完善》,《刊授党校》2014 年第 7 期）

党章发展史上第一次增加了总纲部分；二是确立毛泽东思想为全党的指导思想；三是特别强调了党的群众路线；四是完善了党的民主集中制的原则。

第二，八大党章。党的八大通过的党章，是我们党执政以后制定的第一部党章，共9章60条。八大党章根据党的特点，提出了全面开展社会主义建设的任务；对贯彻党的民主集中制的根本原则作出了许多新规定。针对党处于执政党地位的情况，八大党章强调"必须不断地发扬党的工作中的群众路线的传统"。八大党章是党探索社会主义建设规律和执政党建设规律的初步成果，为社会主义建设时期党的建设指明了正确方向。

第三，九大党章。党的九大通过的党章，只有6章12条，背离了八大党章的正确纲领，肯定了根据"无产阶级专政下继续革命"的错误理论发动的"文化大革命"，否定了八大已经明确的党的工作重点的转移和党领导社会主义"四个现代化"的任务。

第四，十大党章。党的十大通过的党章沿袭了九大的"左"的错误，沿袭了九大党章的总纲和条文，只作了个别的修改和补充，共6章12条。

第五，十一大党章。党的十一大通过的党章是"文化大革命"结束以后的第一部党章，共5章19条。它恢复了八大关于把中国建成"四个现代化"的社会主义强国的提法，在内容上与九大、十大党章相比作了较多的修改。但是，十一大党章仍然肯定十大的政治路线和组织路线，继续沿用了"文化大革命"的错误理论、政策和口号。这些错误在党的十一届三中全会后才得到彻底纠正。

（三）完善成熟时期

第一，十二大党章。党的十二大审议通过的党章吸取了历届党章正反两方面的经验，共10章50条，是在七大、八大党章的基础上发

延伸问答

问： 为什么十二大党章成为此后党章的蓝本？

答： 十二大党章对十一大党章作了多方面的、带有根本意义的修改、充实和完善，清除了十一大党章中的"左"倾错误；继承了七大和八大党章的优点，恢复了党的工人阶级的属性；对党的干部在思想上、政治上和组织上的要求更加严格，强调了党的民主集中制原则和党的纪律；规定中央不设主席，只设总书记，这是中央在组织制度方面的一项重要改变。可见，十二大党章是对党的建设历史经验教训的总结，是把党建设成为社会主义现代化建设坚强领导核心的重要保证，是继七大、八大党章之后又一个里程碑，是新时期党章修正的新蓝本。

展、提高而写成的，有以下几个突出特点：一是有一个比八大党章更为充实完整的总纲，对党的性质和党的指导思想，对中国现阶段的主要矛盾和党的总任务，对加强党的建设基本要求，对党在国家生活中如何正确发挥作用，都作了马克思主义的规定。二是对全体党员、党的干部提出比过去历次党章更加严格的要求。三是对党的民主集中制作了比较充分、比较具体的规定。四是对党的中央组织和地方组织体制作了重要的改变和新的规定。五是对加强和改善执政党的领导作了具体的规定。另外，首次将入党誓词写入党章。

第二，十三大党章。党的十三大通过的《中国共产党章程部分条文修正案》，对十二大党章部分条文的内容作了修正，共有 10 个条款，是第一次也是迄今为止唯一的一次用部分条文修正的形式对党章进行修改。

第三，十四大党章。党的十四大通过的党章共有 10 章 50 条，是对十三大党章的进一步修正，突出了建设有中国特色社会主义的理论和党的基本路线。

第四，十五大党章。党的十五大通过的《中国共产党章程（修正案）》，只有 7 处 150 字的修改。这次修改集中在一个重大问题上，即把邓小平理论确立为党的指导思想。

第五，十六大党章。十六大党章共 11 章 53 条。党的十六大对党章作了五项重要修改：一是在党章总纲部分写入了"三个代表"重要思想的历史地位和重要作用；二是对党的性质作了"两个先锋队"的表述；三是充实了全面建设小康社会等内容；四是对党的建设和党的领导提出了新要求；五是增写了党徽党旗一章。

第六，十七大党章。党的十七大通过的党章，共 11 章 53 条，写入了科学发展观，增加了关于中国特色社会主义道路和中国特色社会主义理论体系、中国特色社会主义事业总体布局、构建社会主义和谐社会等问题的论述，增写了党的组织制度、工作制度方面的内容。这是党的十二大以后对党章内容修改最多的一次。

第七，十八大党章。党的十八大通过的党章，共 11 章 53 条，把科学发展观写入党的指导思想；把中国特色社会主义制度同中国特色社会主义道路、中国特色社会主义理论体系写入党章；将生态文明建设写入党章。

第八，十九大党章。党的十九大通过的党章，共 11 章 55 条，把习近平新时代中国特色社会主义思想同马克思列宁主义、毛泽东思想、邓小平理论、"三个代表"重要思想、科学发展观一道确立为党的行动指南，并体现了十九大报告确立的一系列重大理论观点和重大战略思想。

第九，二十大党章。党的二十大通过的党章，共 11 章 55 条，把党的十九大以来习近平新时代中国特色社会主义思想新发展写入党章，把党的初心使命、党的百年奋斗重大成就和历史经验的内容等写入党章，并体现了二十大报告确立的一系列重大理论观点和重大战略思想。

100多年来，党的事业和党的建设的发展对党章建设不断提出新的要求，党章不断与时俱进，也有力地推进了党的事业和党的建设的发展。在新的征程上，党章建设必将不断揭开新的篇章，党章必将在推进中国特色社会主义伟大事业和党的建设新的伟大工程中继续发挥不可替代的重要作用。

三、继往开来擘蓝图

党的二十大是在总结中国共产党百年奋斗重大成就和历史经验基础上，在迈上全面建设社会主义现代化国家新征程的关键时刻召开的一次大会，党的二十大报告提出了一系列重大理论观点和重大战略思想。二十大党章写入这些重要内容，进一步明确了新时代新征程对党和国家事业以及党的建设提出的新要求，充分体现了党的指导思想新发展、党的事业和党的建设的新鲜经验，为推进新时代中国特色社会主义伟大事业提供了科学指南，具有重大政治意义、理论意义、实践意义。

二十大党章共修改50处，其中总纲部分37处，条文部分13处。

（一）充实完善习近平新时代中国特色社会主义思想的科学内涵和历史定位

推进马克思主义中国化时代化是一个追求真理、揭示真理、笃行真理的过程。党的十九大以来，以习近平同志为核心的党中央坚持把马克思主义基本原理同中国具体实际相结合、同中华优秀传统文化相结合，推动习近平新时代中国特色社会主义思想取得新发展，开辟了马克思主义中国化时代化新境界。习近平新时代中国特色社会主义思

二十大党章修改的主要内容

写入习近平新时代中国特色社会主义思想新发展	写入党的百年奋斗重大成就和历史经验	写入发扬斗争精神、增强斗争本领	写入新时代新征程中国共产党的中心任务	写入逐步实现全体人民共同富裕
写入把握新发展阶段、贯彻新发展理念、构建新发展格局，推动高质量发展等内容	相应修改全面建成社会主义现代化强国总的战略安排	写入走中国特色社会主义民主法治道路，发展全过程人民民主	写入加强国防和军队建设、统战工作、外交工作新理念新思想新战略	写入伟大建党精神、以伟大自我革命引领伟大社会革命等内容
	写入坚持新时代党的组织路线作为党的建设的基本要求之一	写入党是最高政治领导力量、坚持和加强党的全面领导等内容	写入党史学习教育常态化制度化、完善党的纪律等内容	

想是当代中国马克思主义、21世纪马克思主义，是中华文化和中国精神的时代精华，实现了马克思主义中国化新的飞跃。为了更好反映以习近平同志为核心的党中央推进党的理论创新、实践创新、制度创新成果，党的二十大决定把党的十九大以来习近平新时代中国特色社会主义思想新发展写入党章，对总纲第八自然段进行了充实完善，将"顺应时代发展，从理论和实践结合上系统回答了新时代坚持和发展什么样的中国特色社会主义、怎样坚持和发展中国特色社会主义这个重大时代课题"，修改为"坚持把马克思主义基本原理同中国具体实际相结合、同中华优秀传统文化相结合，科学回答了新时代坚持和发展什么样的中国特色社会主义、怎样坚持和发展中国特色社会主义等重大时代课题"；将"是马克思主义中国化最新成果"，修改为"是

当代中国马克思主义、二十一世纪马克思主义，是中华文化和中国精神的时代精华"。同时，在"推动中国特色社会主义进入了新时代"后，增写"实现第一个百年奋斗目标，开启了实现第二个百年奋斗目标新征程"的内容。

"同中国具体实际相结合"是我们党一直强调并坚持的原则，是百年党史中一条最宝贵的经验，也是我们党事业不断成功的法宝。"同中华优秀传统文化相结合"，是对历史的深刻总结、对规律的深刻揭示，从文化角度拓展了对马克思主义中国化时代化的理解，展现了新时代马克思主义理论的文明视野，代表了中国共产党人的新觉悟、认识新高度，体现了强烈的文化自信与文化自觉。"当代中国马克思主义、二十一世纪马克思主义"体现了习近平新时代中国特色社会主义思想的世界性、真理性、创造性，"中华文化和中国精神的时代精华"体现了习近平新时代中国特色社会主义思想的民族性、传承性、时代性。这样修改，进一步完善了习近平新时代中国特色社会主义思想的科学内涵和历史定位，这对全党深刻领悟"两个确立"的决定性意义，把思想和行动统一到习近平新时代中国特色社会主义思想上来，全面贯彻习近平新时代中国特色社会主义思想，将这一思想贯彻落实到党和国家工作各方面全过程，推进我国社会主义现代化建设和党的建设新的伟大工程，具有重大而深远的意义。

（二）增写党的百年奋斗重大成就和历史经验的内容

中国共产党成立以来的100多年，是争取民族独立、人民解放以及实现国家富强、人民幸福的100多年，是为中国人民谋幸福、为中华民族谋复兴、为世界谋大同的100多年。党在100多年的光辉历程中开创了一系列伟大成就，积累了一系列宝贵的历史经验，为推动党的事业继续向前提供了不竭的力量源泉。二十大党章在总纲第九自然段后增写一段，作为第十自然段，表述为："中国共产党自成立以来，始终把为中国人民谋幸福、为中华民族谋复兴作为自己的初心使命，历经百年奋斗，从根本上改变了中国人民的前途命运，开辟了实现中华民族伟大复兴的正确道路，展示了马克思主义的强大生命力，深刻影响了世界历史进程，锻造了走在时代前列的中国共产党。经过长期实践，积累了坚持党的领导、坚持人民至上、坚持理论创新、坚持独立自主、坚持中国道路、坚持胸怀天下、坚持开拓创新、坚持敢于斗争、坚持统一战线、坚持自我革命的宝贵历史经验，这是党和人民共同创造的精神财富，必须倍加珍惜、长期坚持，并在实践中不断丰富和发展。"

坚持敢于斗争是我们党的一个宝贵历史经验。中国共产党是敢于斗争、敢于胜利的伟大政党。敢于斗争、敢于胜利，是党和人民不可战胜的强大精神力量。党领导人民取得的一系列伟大成就，无一不是通过斗争取得的。因此，党章在总纲第九自然段"坚定道路自信、理论自信、制度自信、文化自信"后，增写"发扬斗争精神，增强斗争本领"的内容。习近平总书记强调："一切向前走，都不能忘记走过的路，走得再远、走到再光辉的未来，也不能忘记走过的过去，不能忘记为什么出发。"把党为中国人民谋幸福、为中华民族谋复兴的初心使命、党的百年奋斗重大成就和历史经验，发扬斗争精神、增强斗争本领等内容写入党章，是为了让全体党员干部不忘昨天的苦难辉煌，无愧今天的使命担当，不负明天的伟大梦想，这对激励全党坚定历史自信、增强历史主动，坚守初心使命、传承红色基因，把握新的伟大斗争的历史特点，团结带领全国各族人民夺取新时代中国特色社会主义新胜利，具有重大意义。

（三）对党的奋斗目标的表述作了调整完善

2021年7月1日，在庆祝中国共产党成立100周年大会上，习近平总书记庄严宣告："经过全党全国各族人民持续奋斗，我们实现了第一个百年奋斗目标，在中华大地上全面建成了小康社会，历史性地解决了绝对贫困问题，正在意气风发向着全面建成社会主义现代化强国的第二个百年奋斗目标迈进。"党章据此作出相应修改：将总纲第九自然段"实现'两个一百年'奋斗目标、实现中华民族伟大复兴的中国梦而奋斗"，修改为"实现第二个百年奋斗目标、实现中华民族伟大复兴的中国梦而奋斗"。同时，对总纲原第二十四自然段"中国共产党要领导全国各族人民实现'两个一百年'奋斗目标、实现中华民族伟大复兴的中国梦"的表述作了相应修改。调整这些内容，有利于全党全面准确把握新时代新征程党和国家事业发展新要求，为实现第二个百年奋斗目标、实现中华民族伟大复兴，凝聚起全党全国各族人民共同奋斗的强大意志和磅礴力量。

（四）对关于社会主义初级阶段的相关内容作了调整和充实

我们现在所处历史方位、面临的形势和任务、要达到的目标、达到目标的战略部署，是每一个党员干部必须了然于胸的"国之大者"。党的二十大报告指出："从现在起，中国共产党的中心任务就是团结带领全国各族人民全面建成社会主义现代化强国、实现第二个百年奋斗目标，以中国式现代化全面推进中华民族伟大复兴。"根据这一重大变化，党章在总纲原第十自然段中，增写了"以中国式现代化全面推进中华民族伟大复兴"这一鲜明目标，将社会主义基本经济制度表述调整为"必须坚持和完善公有制为主体、多种所有制经济共同发展，按劳分配为主体、多种分配方式并存，社会主义市场经济体制等基本经济制度"；将"鼓励一部分地区和一部分人先富起来，逐步消灭贫穷，达到共同富裕"，修改为"鼓励一部分地区和一部分人先富起来，逐步实现全体人民共同富裕"；将"坚持创新、协调、绿色、开放、共享的发展理念"，修改为"把握新发展阶段，贯彻创新、协调、绿色、开放、共享的新发展理念，加快构建以国内大循环为主

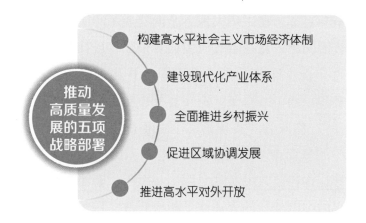

体、国内国际双循环相互促进的新发展格局，推动高质量发展"；将"全面建成小康社会"修改为"全面建设社会主义现代化国家"；将经济和社会发展的战略目标调整表述为："到二〇三五年基本实现社会主义现代化，到本世纪中叶把我国建成社会主义现代化强国。"在总纲原第十二自然段中，增写"充分发挥人才作为第一资源的作用"的内容；将"促进国民经济更高质量、更有效率、更加公平、更可持续发展"，修改为"促进国民经济更高质量、更有效率、更加公平、更可持续、更为安全发展"。党章的这些修改，对于推动全党把思想和行动统一到党中央对国内外形势的科学判断与党和国家工作战略部署上来，自觉全面深入贯彻党的基本路线，不断以发展新业绩续写新时代中国发展的伟大历史，具有重要意义。

（五）在"五位一体"总体布局方面作了充实

党章在总纲原第十六自然段中，增写"中国特色社会主义法治道路"的内容；将"发展更加广泛、更加充分、更加健全的人民民主"，修改为"发展更加广泛、更加充分、更加健全的全过程人民民主"；将"推进协商民主广泛、多层、制度化发展"，修改为"推进协商民主广泛多层制度化发展"；将"建立健全民主选举、民主决策、民主

问：为什么说高质量发展是全面建设社会主义现代化国家的首要任务？

答：改革开放以来，我们党始终将发展作为解决一切问题的基础和关键，从发展是硬道理到发展是执政兴国第一要务、从科学发展观到新发展理念，我们党的发展理念随着发展阶段、发展任务的变化，不断与时俱进、丰富创新。进入新时代，我国社会主要矛盾已经转化为人民日益增长的美好生活需要和不平衡不充分的发展之间的矛盾，发展中的矛盾和问题更多体现在发展质量上。全面建设社会主义现代化国家，必须坚持以人民为中心的发展思想，加快转变发展方式，更多依靠创新驱动，推动质量变革、效率变革、动力变革，着力提高发展的质量和水平。贯彻新发展理念、推动高质量发展，是关系现代化建设全局的一场深刻变革，不再简单以生产总值增长率论英雄，而是要实现创新成为第一动力、协调成为内生特点、绿色成为普遍形态、开放成为必由之路、共享成为根本目的的高质量发展。因此，党的二十大把发展质量摆在更突出的位置，经济、社会、文化、生态等各方面都要体现高质量发展的要求。

管理、民主监督的制度和程序"，修改为"建立健全民主选举、民主协商、民主决策、民主管理、民主监督的制度和程序"。在总纲原第十八自然段中，增写"统筹发展和安全"的内容。充实这些内容，有利于全党更加自觉、更加坚定地贯彻党的基本理论、基本路线、基本方略，全面推进中国特色社会主义伟大事业。

（六）对国防和军队建设、统一战线、外交工作等方面内容作了修改

党的十九大以来，以习近平同志为核心的党中央对加强国防和军队建设、统战工作、外交工作提出一系列新理念新思想新战略。二十大党章写入了这些新理念新思想新战略。一是在总纲原第二十自然段中，将"坚持政治建军、改革强军、科技兴军、依法治军"，修改为"坚持政治建军、改革强军、科技强军、人才强军、依法治军"；增写"把人民军队建设成为世界一流军队"的内容。二是在总纲原第二十二自然段中，将"按照'一个国家、两种制度'的方针"，修改为"全面准确、坚定不移贯彻'一个国家、两种制度'的方针"；增写"坚决反对和遏制'台独'"的内容。三是在总纲原第二十三自然段中，增写"弘扬和平、发展、公平、正义、民主、自由的全人类共同价值"的内容；将"推动建设持久和平、共同繁荣的和谐世界"，修改为"推动建设持久和平、普遍安全、共同繁荣、开放包容、清洁美丽的世界"。这样修改党章，有利于坚持走中国特色强军之路，有利于推动"一国两制"实践行稳致远、推进祖国统一，有利于推动构建人类命运共同体、引领人类进步潮流。

（七）对党的建设总体要求作了调整和充实

党的十九大以来，党坚持打铁必须自身硬，坚持以党的政治建设为统领，推动全面从严治党向纵深发展，党的建设取得许多新的重大成果，积累了许多新的成功经验。党的二十大将这些党的建设的重大成果和成功经验写入了党章，对总纲原第二十四全第二十九自然段进行了适当修改。一是增写"弘扬坚持真理、坚守理想，践行初心、担当使命，不怕牺牲、英勇斗争，对党忠诚、不负人民的伟大建党精神"，"以伟大自我革命引领伟大社会革命"等内容。二是在党的建设

基本要求第一项"坚持党的基本路线"中，增写"必须提高政治判断力、政治领悟力、政治执行力，增强贯彻落实党的理论和路线方针政策的自觉性和坚定性"的内容。三是在基本要求第二项"坚持解放思想，实事求是，与时俱进，求真务实"中，将"推进马克思主义中国化"修改为"推进马克思主义中国化时代化"。四是在第二项基本要求后增写一项"坚持新时代党的组织路线"的基本要求，将党的建设基本要求从五项扩展为六项。把第一项坚持党的基本路线中的"培养选拔党和人民需要的好干部"，"从组织上保证党的基本理论、基本路线、基本方略的贯彻落实"等内容纳入这项基本要求中。其具体表述为："第三，坚持新时代党的组织路线。全面贯彻习近平新时代中国特色社会主义思想，以组织体系建设为重点，着力培养忠诚干净担当的高素质干部，着力集聚爱国奉献的各方面优秀人才，坚持德才兼备、以德为先、任人唯贤，为坚持和加强党的全面领导、坚持和发展中国特色社会主义提供坚强组织保证。全党必须增强党组织的政治

 权威评论

赵乐际（中共中央政治局常委）：我们党穿越百年风风雨雨，始终"为人民的利益坚持好的，为人民的利益改正错的"，多次在危难之际重新奋起、失误之后拨乱反正，成为打不倒、压不垮的马克思主义政党。我们党代表中国最广大人民根本利益，没有任何自己特殊的利益，这是敢于自我革命的勇气之源、底气所在。百年奋斗实践证明，我们党之所以伟大，不在于不犯错误，而在于从不讳疾忌医，敢于直面问题，勇于自我革命，这也是我们党作为马克思主义政党的特质，是党历经百年沧桑而永葆青春活力的奥秘。

功能和组织功能，培养选拔党和人民需要的好干部，培养和造就大批堪当时代重任的社会主义事业接班人，聚天下英才而用之，从组织上保证党的基本理论、基本路线、基本方略的贯彻落实。"五是在原第五项基本要求"坚持从严管党治党"中，增写"党的自我革命永远在路上"，"不断健全党内法规体系"的内容；将"强化管党治党主体责任和监督责任"，修改为"强化全面从严治党主体责任和监督责任"；将"构建不敢腐、不能腐、不想腐的有效机制"，修改为"一体推进不敢腐、不能腐、不想腐"。作这样的调整和充实，有利于推动全党永葆自我革命精神，贯彻全面从严治党战略方针，深入推进新时代党的建设新的伟大工程，确保党在革命性锻造中更加坚强有力，始终成为中国特色社会主义事业的坚强领导核心。

（八）对坚持党的全面领导方面作了充实

中国共产党是领导我们事业的核心力量，党的领导是实现中华民族伟大复兴的根本保证。党章在总纲原第二十四自然段中增写"坚持和加强党的全面领导"的内容。在原第三十自然段中增写"党是最高政治领导力量"的内容。作这样的修改，有利于充分发挥党总揽全局、协调各方的领导核心作用，把党的领导落实到党和国家事业各领域各方面各环节，确保全党全军全国各族人民团结一致向前进。

（九）对党员和党的干部提出新要求

总结吸收党的十九大以来党的工作和党的建设的成功经验，并同总纲部分修改相衔接，二十大党章对部分条文作了相应修改。在党员的义务中，增加了学习"党的历史"，"增强'四个意识'、坚定'四个自信'、做到'两个维护'"的内容；在"党的干部"一章，充实了党的各级领导干部必须具备的基本条件，在第三十六条第五项中增写"反对特权思想和特权现象"的内容。

（十）对党的基层组织和党组作出了新规定

在"党的基层组织"一章，着眼加强医院党的建设工作的实际需要，将医院明确列入第三十条第一款规定的基层单位类型。充实党的基层组织的基本任务，在第三十二条第二项中增写推进"党史学习教育常态化制度化"的内容。根据习近平总书记在 2018 年全国组织工作会议上的重要讲话精神，在第三十三条第一款中，进一步明确街道、乡、镇和村、社区党组织的地位和作用，相关内容表述为："街道、乡、镇党的基层委员会和村、社区党组织，统一领导本地区基层各类组织和各项工作，加强基层社会治理"。同时，在第三十三条第二款中充实国有企业党委（党组）加强党组织自身建设的职责和任务，增写领导"统一战线工作"和"妇女组织"的内容。

在"党组"一章，把第四十八条中党组的职责定位调整表述为："党组发挥领导作用。"根据党组设置的实际，充实第五十条相关内容，明确建立党组性质党委的范围，表述为："在对下属单位实行集中统一领导的国家工作部门和有关单位的领导机关中，可以建立党委"。

（十一）对"党的纪律""党的纪律检查机关"两章内容作了调整和完善

在"党的纪律"一章，将第四十条第二款"按照错误性质和情节轻重，给以批评教育直至纪律处分"，修改为"按照错误性质和情节轻重，给以批评教育、责令检查、诫勉直至纪律处分"。

在"党的纪律检查机关"一章，进一步明确派驻纪律检查组的范围，第四十五条第四款增写"按照规定向有关国有企业、事业单位派驻党的纪律检查组"的内容。根据习近平总书记在十九届中央纪委六次全会上的重要讲话精神，进一步充实党的各级纪律检查委员会的主要任务，第四十六条第一款增写"推动完善党和国家监督体系"的内容。

四、学习贯彻展新容

学习贯彻党的二十大精神，认真学习党章、遵守党章、贯彻党章、维护党章，各级党组织和全体党员要深刻领悟"两个确立"的决定性意义，更加自觉地维护习近平同志党中央的核心、全党的核心地位，更加自觉地维护以习近平同志为核心的党中央权威和集中统一领导，坚定不移在思想上政治上行动上同以习近平同志为核心的党中央保持高度一致，高举中国特色社会主义伟大旗帜，全面贯彻习近平新时代中国特色社会主义思想，弘扬伟大建党精神，增强"四个意识"、坚定"四个自信"，为全面建设社会主义现代化国家、全面推进中华民族伟大复兴而团结奋斗！

学习党章、遵守党章、贯彻党章、维护党章

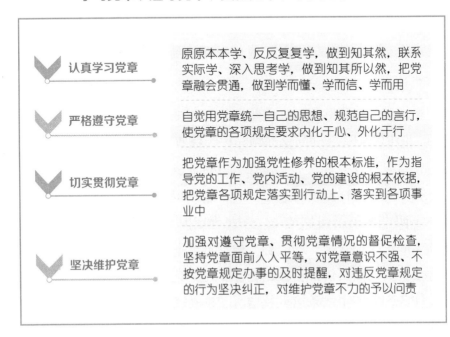

认真学习党章	原原本本学、反反复复学，做到知其然，联系实际学、深入思考学，做到知其所以然，把党章融会贯通，做到学而懂、学而信、学而用
严格遵守党章	自觉用党章统一自己的思想、规范自己的言行，使党章的各项规定要求内化于心、外化于行
切实贯彻党章	把党章作为加强党性修养的根本标准，作为指导党的工作、党内活动、党的建设的根本依据，把党章各项规定落实到行动上、落实到各项事业中
坚决维护党章	加强对遵守党章、贯彻党章情况的督促检查，坚持党章面前人人平等，对党章意识不强、不按党章规定办事的及时提醒，对违反党章规定的行为坚决纠正，对维护党章不力的予以问责

（一）大力营造学习党章、遵守党章、贯彻党章、维护党章的浓厚氛围

把学习党章作为学习贯彻二十大精神的一部分，经常抓、长期抓。党章对党的性质、宗旨、指导思想、奋斗纲领和重大方针政策作出了明确规定，对党员权利和义务作出了明确规定，对党的制度和各级党组织的行为规范作出了明确规定，对党的各级领导干部的基本条件作出了明确规定，对党的纪律作出了明确规定。要深刻领会党章的丰富内涵、精神实质和根本要求，熟悉新观点、领悟新思想、把握新要求，自觉加强党性修养，增强党的意识、党章意识、责任意识，真正做到用党章规范党的建设、规范全体党员的言行。推动党员干部对党章各项规定要求内化于心、外化于行，发挥好党员的示范引领作用。坚持对标看齐、学用结合、知行合一，切实用党的创新理论武装头脑、指导实践、推动工作，努力把学习成果转化为发展成果。永葆赶考的清醒和坚定，以强烈的自我革命精神纵深推进全面从严治党，为实现新征程的使命任务提供坚强政治保证。

（二）严格遵守党章各项规定

全党要牢固树立党章意识，真正把党章作为加强党性修养的根本标准，学深学透，作为指导党的工作、党内活动、党的建设的根本依据，把坚持和加强党的全面领导作为根本要求，坚持旗帜鲜明讲政治、一以贯之讲忠诚，深入落实党的领导各项制度，坚决把党的领导贯彻落实到工作的各方面各环节，把坚决执行党章各项规定体现在行动上、落实到各项事业中。树立铁一般的纪律意识，提升纪律修养和道德修养，自觉遵守党纪党规。要加强对遵守党章、执行党章情况的督促检查，坚持党章面前人人平等，对党章意识不强、不按党章规定办事的要及时提醒，对严重违反党章规定的行为要坚决纠正，全党共同维护党章的权威性和严肃性。让党章在管党治党中处处发力、时时

生威，不断增强党的自我净化、自我完善、自我革新、自我提高能力，走好新的赶考之路，确保党在革命性锻造中更加坚强有力，始终成为中国特色社会主义事业的坚强领导核心。

（三）把为党分忧、为国尽责、为民奉献作为使命担当

自觉做到在党爱党、在党言党、在党忧党、在党为党，要践行党的宗旨，保持公仆情怀，全心全意为人民服务；必须加强党性锻炼和道德修养，始终保持干事创业、开拓进取的精气神，把写入党章的十九大以来党中央提出的治国理政新理念新思想新战略掌握好，引领全党更好地把思想和行动统一到党中央科学判断和重大部署上来，坚定不移把高质量发展作为第一要务，努力实现好、维护好、发展好最广大人民群众的根本利益，时刻提醒自己不忘初心、牢记使命，严格履行党员的义务和权利，发扬斗争精神，增强斗争本领，发挥党员的先锋模范作用，保持党员队伍先进性和纯洁性。在平常的生活和工作中，时时处处当表率、做模范，牢记空谈误国、实干兴邦，坚定信心、同心同德，埋头苦干、奋勇前进，自觉做共产主义远大理想和中国特色社会主义共同理想的坚定信仰者和忠实实践者，为全面建设社会主义现代化国家、全面推进中华民族伟大复兴而团结奋斗！

 权威声音

习近平（中共中央总书记、国家主席、中央军委主席）：在各级党组织的全部活动中，都要坚持引导广大党员、干部特别是领导干部自觉学习党章、遵守党章、贯彻党章、维护党章，自觉加强党性修养，增强党的意识、宗旨意识、执政意识、大局意识、责任意识，切实做到为党分忧、为国尽责、为民奉献。

第二讲

风华正茂旗更红
——关于党的性质、地位、理想、宗旨

 民族先锋谋复兴

 北辰辉耀众星拱

 伟大理想世大同

 人民至上立新功

不忘初心，方得始终。中国共产党立志于中华民族千秋伟业，百年恰是风华正茂。中国共产党作为马克思主义政党，自成立那天起，就毫不掩饰地向世界宣示自己的阶级性和先进性，宣示自己的根本宗旨和最终目标。我们党领导人民取得了革命、建设和改革的伟大胜利，昂首挺胸迈上新时代新征程，是名副其实的中国特色社会主义事业的坚强领导核心。党的二十大通过的党章，再次重申党的性质、地位、理想、宗旨，要求全党牢记中国共产党是什么、要干什么这个根本问题，充分体现了我们党不忘初心、砥砺奋进的政治自信，再次向世人展示了新时代中国共产党人的革命风骨和伟大追求。

一、民族先锋谋复兴

二十大党章规定，"中国共产党是中国工人阶级的先锋队，同时是中国人民和中华民族的先锋队"。这一规定，深刻揭示了中国共产党的性质，揭示了中国共产党的先进性和纯洁性的有机统一。习近平总书记指出："先进性和纯洁性是马克思主义政党的本质属性，我们加强党的建设，就是要同一切弱化先进性、损害纯洁性的问题作斗争，祛病疗伤，激浊扬清。"我们党100多年的历史，是党领导中国人民不断赢得胜利的历史，也是党不断实现、保持、发展自身先进性和纯洁性的历史。

百年大党的先锋队性质

"两个先锋队"性质

中国工人阶级的先锋队 —表明→ 党的鲜明的阶级性

中国人民和中华民族的先锋队 —强调→ 党的广泛的群众性

始终保持先锋队性质

- ✓ 旗帜鲜明讲政治,坚持正确政治方向
- ✓ 坚决维护党中央权威和集中统一领导
- ✓ 用习近平新时代中国特色社会主义思想指导党的建设
- ✓ 巩固阶级基础、扩大群众基础
- ✓ 始终坚持人民性这个鲜明底色
- ✓ 坚持党要管党、全面从严治党
- ✓ 以改革创新精神推进党的建设

（一）永葆党的先进性

先进性是马克思主义政党的立党之本、生命所系和力量所在,是新时代新征程建设一个什么样的长期执政的马克思主义政党和怎样建设长期执政的马克思主义政党的核心问题。保持党的先进性,是马克思主义政党建设的永恒主题;加强党的先进性建设,是党在长期执政条件下的一项根本建设。中国共产党要带领中国人民书写新时代中国特色社会主义新篇章,实现中华民族伟大复兴,必须永葆党的先进性和纯洁性。

100多年来,我们党能够从小到大、由弱到强,团结带领全国各族人民浴血奋战、百折不挠,创造了新民主主义革命的伟大成就;自力更生、发愤图强，创造了社会主义革命和建设的伟大成就；解放思想、锐意进取，创造了改革开放和社会主义现代化建设的伟大成就；自信自强、守正创新，创造了新时代中国特色社会主义的伟大成就。这些伟大成就的取得，归根结底是因为党始终不忘初心、牢记使命，发扬和形成了"坚持真理、坚守理想，践行初心、担当使命，不怕牺牲、英勇斗争，对党忠诚、不负人民"的伟大建党精神，勇于自我革命，始终保持自身的先进性。毛泽东指出："中国共产党是无产阶级的政党。无产阶级里头出了那样一部分比较先进的人，组织成一个政治性质的团体，叫共产党。"党的先进性有两层含义：一是指在思想、理论、纲领等方面所具有的优于其他政党的特质；二是指在人类社会历史发展进步中所起的引领性作用。判断一个政党是否具有先进性，主要看它的理论、纲领、路线是不是科学的，是不是代表了社会发展的正确方向，是不是代表并维护了最广大人民的根本利益。这三条，既是衡量一个政党先进与否的根本标准，同时也是一个政党的先进性的基本内涵。

在革命战争年代，中国共产党的先进性表现在为革命的胜利和人民的解放英勇奋斗、敢于牺牲，冲锋在前、一不怕苦、二不怕死。在社会主义革命和建设初期，党的先进性表现在带领人民群众艰苦奋斗、建设家园，不怕困难、坚忍不拔，吃苦在前、享受在后。在改革开放时期，党的先进性表现在以坚强的凝聚力和战斗力带领人民群众开拓创新、加快发展，与时俱进、勇于改革，奉献在前、享受在后。今天，中国特色社会主义已进入新时代，我国迈上建设社会主义现代化国家新征程。实现第二个百年奋斗目标，以中国式现代化全面推进中华民族伟大复兴，是我们党在新时代新征程的中心任务。新时代新任务，要求我们党必须进一步加强自身的先进性建设，在建设新时代中国特色社会主义伟大事业中更有力地发挥领导核心作用。这既是党的先进性的最新体现，也是党的先进性建设的最新要求。

（二）永葆党的纯洁性

党的纯洁性是指党员和党组织在思想、组织、作风等方面与党的性质、宗旨的一致性。马克思、恩格斯于 1847 年创立的共产主义者同盟，是世界上第一个工人阶级政党。在同盟创立初期，同盟章程就对党的纯洁性作出了严格的规定，要求每一个支部对它所接受的会员的品质纯洁负责。列宁在创建俄国工人阶级政党的过程中也特别注重纯洁性，他强调，"我们的任务是要维护我们党的坚定性、彻底性和纯洁性。我们应当努力把党员的称号和作用提高、提高、再提高"。毛泽东指出，我们要建设的是"一个有纪律的、思想上纯洁的、组织上纯洁的党，合乎统一的标准的党"。马克思主义政党之所以高度重视保持党的纯洁性，从根本上说是为了永葆党的政治本色、永葆党的生机活力，从而更好地肩负起自己的历史使命。加强党的先进性和纯洁性建设，是新时代全面从严治党、全面推进党的建设的应有之义，新时代党员干部必须在政治、思想、纪律、能力等方面不断加强自身

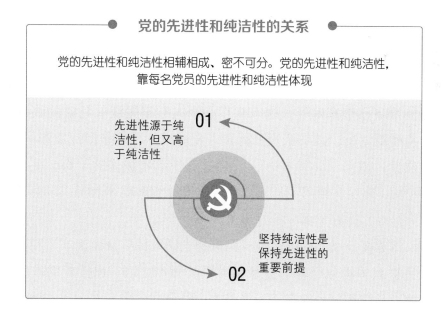

党的先进性和纯洁性的关系

党的先进性和纯洁性相辅相成、密不可分。党的先进性和纯洁性，靠每名党员的先进性和纯洁性体现

先进性源于纯洁性，但又高于纯洁性　01

坚持纯洁性是保持先进性的重要前提　02

建设。

保持党在思想上的纯洁性，是保证党的正确政治方向和党的团结统一的思想基础。保持思想纯洁，最重要的是保持对马克思主义的坚定信仰、对共产主义和中国特色社会主义的坚定信念。习近平总书记指出："理想信念动摇是最危险的动摇，理想信念滑坡是最危险的滑坡。一个政党的衰落，往往从理想信念的丧失或缺失开始。我们党是否坚强有力，既要看全党在理想信念上是否坚定不移，更要看每一位党员在理想信念上是否坚定不移。"革命战争年代，无数共产党人为了革命的成功南征北战、流血牺牲，靠的正是坚定正确的信仰。和平建设时期，无数共产党人为了社会主义事业艰苦奋斗、无私奉献，靠的也是坚定正确的信仰。改革开放以来尤其是进入新时代，无数共产党人为了国家富强和民族复兴顽强拼搏、勇往直前，靠的仍然是坚定正确的信仰。信仰的力量是无穷的。信仰纯洁是共产党人最根本的纯洁。

保持党在组织上的纯洁性，是保持全党步调一致，增强党的创造力、凝聚力、战斗力的组织保证。我们党现在是一个拥有9600多万名党员、490多万个基层党组织的大党，又处在长期执政和改革开放的环境下，保持党员队伍和党的干部队伍的纯洁，比以往任何时候都更为重要，也更为困难。现在有的人入党，不是因为信仰马克思主义，不是要为中国特色社会主义、共产主义事业奋斗终身，而是认为入党能给自己带来好处，把入党作为个人和家庭获取利益的政治资本。发展新党员，必须认真分析其入党动机，严格掌握标准和程序，确保质量，切忌"带病入党"。培养、任用和提拔党的干部，也必须严格把关，坚持按照五湖四海、任人唯贤原则和德才兼备、以德为先的用人标准，选好干部、配好班子。

保持党在作风上的纯洁性，是保持党同人民群众血肉联系和不断从人民群众中吸取经验、智慧和力量的固本之道。保持党的作风纯洁，核心是密切联系群众，始终与人民群众同呼吸、共命运，始终代

始终保持党的纯洁性

思想上 保持党在思想上的纯洁性，是保证党的正确政治方向和党的团结统一的思想基础

组织上 保持党在组织上的纯洁性，是保持全党步调一致，增强党的创造力、凝聚力、战斗力的组织保证

作风上 保持党在作风上的纯洁性，是保持党同人民群众血肉联系和不断从人民群众中吸取经验、智慧和力量的固本之道

表人民群众的意志和利益，始终依靠人民群众来推动历史前进。这是保证党永不变色的根本所在。习近平总书记指出："党的作风是党的形象，是观察党群干群关系、人心向背的晴雨表。党的作风正，人民的心气顺，党和人民就能同甘共苦。实践证明，只要真管真严、敢管敢严，党风建设就没有什么解决不了的问题。作风建设永远在路上。'己不正，焉能正人。'我们要从中央政治局常委会、中央政治局、中央委员会抓起，从高级干部抓起，持之以恒加强作风建设，坚持和发扬党的优良传统和作风，坚持抓常、抓细、抓长，使党的作风全面好起来，确保党始终同人民同呼吸、共命运、心连心。"

（三）加强党的长期执政能力建设、先进性和纯洁性建设

加强党的长期执政能力建设、先进性和纯洁性建设，是新时代党的建设的主线。先进性和纯洁性是马克思主义政党的力量所在、发展所托，更是马克思主义执政党的执政所依、生命所系。保持党的先进性和纯洁性是党的建设中一项长期而又常新的战略任务，贯穿党的发

展全过程。保持、发展先进性和纯洁性始终是马克思主义政党根本的思想政治任务，关系党的生死存亡和前途命运。始终保持先进性和纯洁性，是党的自我革命的目标追求，是实现伟大梦想的政治基础。

全面贯彻落实新时代党的建设总要求。这个总要求具有高度的思想性、理论性和很强的政策性、指导性，进一步回答了"建设什么样的长期执政的马克思主义政党、怎样建设长期执政的马克思主义政党"这一重大时代课题，对于深入推进党的建设新的伟大工程具有纲领性作用。要全面把握新时代党的建设原则、方针、主线、总体布局、目标，明确提高党的建设质量的原则、内容和途径，紧紧围绕全面推进党的政治建设、思想建设、组织建设、作风建设、纪律建设，把制度建设贯穿其中，深入推进反腐败斗争。

党员干部要贯彻党的二十大精神，深入学习贯彻习近平新时代中国特色社会主义思想，深刻领悟"两个确立"的决定性意义，增强"四个意识"、坚定"四个自信"、做到"两个维护"，始终在政治立场、政治方向、政治原则、政治道路上同以习近平同志为核心的党中

深刻领悟"两个确立"的决定性意义

确立习近平同志党中央的核心、全党的核心地位　▷▷　"两个确立"　◁◁　确立习近平新时代中国特色社会主义思想的指导地位

- 科学揭示了马克思主义政党最根本的政治原则
- 高度凝练了百年大党最宝贵的政治经验
- 集中体现了党的十八大以来最重要的政治成果
- 是我们走好新时代长征路最基本的政治遵循

央保持高度一致。深刻领会习近平新时代中国特色社会主义思想的丰富内涵，掌握贯穿其中的世界观和方法论，用马克思主义中国化时代化成果武装自己，保持思想上、理论上的先进性和纯洁性。

自信自强，敢于斗争，按照党的二十大精神要求在新征程保持党的先进性、淬炼党的纯洁性。党的先进性决定着党的纯洁性的价值目标，党的纯洁性取决于党能否坚持先进的指导思想和奋斗目标，能否带领中国人民走在时代的前列。宏伟蓝图已经绘就，时间表、路线图已经明确，关键在于落实。先进不先进，纯洁不纯洁，需要在实现全面建设社会主义现代化国家的实践中检验。贯彻好党的二十大精神，建设好长期执政的马克思主义执政党，要求全体党员干部牢记"三个务必"：务必不忘初心、牢记使命，务必谦虚谨慎、艰苦奋斗，务必敢于斗争、善于斗争。在构建新发展格局、推动高质量发展中，保持先进性，发扬斗争精神，增强全党全国各族人民的志气、骨气、底气，不信邪、不怕鬼、不怕压，知难而进、迎难而上，全力战胜前进道路上各种困难和挑战，依靠顽强斗争精神开创事业发展新天地。

 权威声音

习近平（中共中央总书记、国家主席、中央军委主席）：在百年奋斗历程中，党领导人民取得一个又一个伟大成就、战胜一个又一个艰难险阻，历经千锤百炼仍朝气蓬勃，得到人民群众支持和拥护，原因就在于党敢于直面自身存在的问题，勇于自我革命，始终保持先进性和纯洁性，不断增强创造力、凝聚力、战斗力，永葆马克思主义政党本色。

二、北辰辉耀众星拱

二十大党章规定，中国共产党是"中国特色社会主义事业的领导核心"。"譬如北辰，居其所而众星拱之。"以先进性和纯洁性为根本的中国共产党，100多年来，始终发挥领导核心作用，是中国人民和中华民族的主心骨。"党政军民学，东西南北中，党是领导一切的。"中国共产党的领导地位是近现代中国历史发展的结果，是中国人民经过长期奋斗作出的合乎中国社会发展规律的历史性选择，是不以个人意志为转移的。习近平总书记指出，办好中国的事情，关键在党。全面加强新时代党的领导，巩固党的领导核心地位，是党和国家的根本所在、命脉所在，是全国各族人民的利益所在、幸福所在。

中国共产党的领导地位

- 党是最高政治领导力量。党政军民学，东西南北中，党是领导一切的

- 党的领导是全面的、系统的、整体的，必须全面、系统、整体加以落实

- 党中央集中统一领导是党的领导的最高原则，加强和维护党中央集中统一领导是全党共同的政治责任，坚持党的领导首先要旗帜鲜明讲政治，保证全党服从中央

（一）党领导人民创造了新民主主义革命的伟大成就

为了实现中华民族伟大复兴，中国共产党团结带领中国人民，浴血奋战、百折不挠，创造了新民主主义革命的伟大成就。中国共产党成立以后，以实现中华民族伟大复兴为己任，义无反顾地承担起领导中国人民进行新民主主义革命的历史使命。建党之初和大革命时期，党制定民主革命纲领，领导全国反帝反封建伟大斗争，掀起大革命高潮。土地革命战争时期，南昌起义打响武装反抗国民党反动派的第一枪，标志着中国共产党独立领导武装斗争、创建人民军队和武装夺取政权的开端。毛泽东领导军民在井冈山建立第一个农村革命根据地，古田会议确立思想建党、政治建军原则。1935 年 1 月，中央政治局在长征途中举行遵义会议，事实上确立了毛泽东同志在党中央和红军的领导地位，开始形成以毛泽东同志为核心的中央领导集体，开启了党独立自主解决中国革命实际问题的新阶段。抗日战争时期，党率先高举武装抗日旗帜，实行正确的抗日民族统一战线政策，坚持全面抗战路线，提出和实施持久战的战略总方针和一整套人民战争的战略战术，成为全民族抗战的中流砥柱，直到中国人民取得抗日战争最后胜利。解放战争时期，党领导广大军民打赢辽沈、淮海、平津三大战役和渡江战役，推翻国民党反动政府，推翻帝国主义、封建主义、官僚资本主义三座大山。在革命斗争中，党弘扬"坚持真理、坚守理想，践行初心、担当使命，不怕牺牲、英勇斗争，对党忠诚、不负人民"的伟大建党精神，实施和推进党的建设伟大工程，展现了中国化马克思主义的先进性和思想伟力。以毛泽东同志为主要代表的中国共产党人，把马克思列宁主义基本原理同中国具体实际相结合，开辟了农村包围城市、武装夺取政权的正确革命道路，创立了毛泽东思想，为夺取新民主主义革命胜利指明了正确方向。党领导人民实现民族独立、人民解放，彻底结束了旧中国半殖民地半封建社会的历史，彻底结束了极少数剥削者统治广大劳动人民的历史，彻底废除了列强强加给中国的不平等条约和帝国主义在中国的一切特权，实现了中国从几千年封建专制政治向人民民主的伟大飞跃，也极大改变了世界政治格局，鼓舞了全世界被压迫民族和被压迫人民争取解放的斗争。历史和人民选择了中国共产党，没有中国共产党的领导，民族独立、人民解放是不可能实现的。

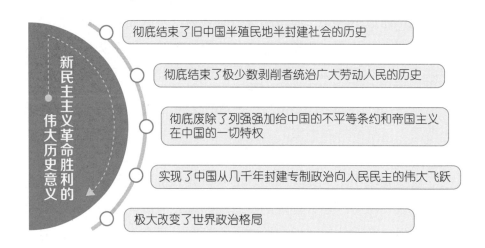

（二）党领导人民创造了社会主义革命和建设的伟大成就

为了实现中华民族伟大复兴，中国共产党团结带领中国人民，自力更生、发愤图强，创造了社会主义革命和建设的伟大成就。社会主义革命和建设时期，党面临的主要任务是，实现从新民主主义到社会主义的转变，进行社会主义革命，推进社会主义建设，为实现中华民族伟大复兴奠定根本政治前提和制度基础。党领导人民进行社会主义革命，确立社会主义基本制度，推进社会主义建设，战胜帝国主义、霸权主义的颠覆破坏和武装挑衅，实现了中华民族有史以来最为广泛而深刻的社会变革，实现了一穷二白、人口众多的东方大国大步迈进社会主义社会的伟大飞跃，为实现中华民族伟大复兴奠定了根本政治前提和制度基础。

党充分预见到在全国执政面临的新挑战，党的七届二中全会向全党提出：务必继续保持谦虚、谨慎、不骄、不躁的作风，务必继续保持艰苦奋斗的作风。新中国成立后，党着重提出执政条件下党的建设的重大课题，从思想上组织上作风上加强党的建设、巩固党的领导。党高度警惕并着力防范党员干部腐化变质，坚决惩治腐败。这些重要举措，增强了党的纯洁性和全党的团结，密切了党同人民群众的联系，积累了执政党建设的初步经验。在社会主义革命和建设时期，以毛泽东同志为主要代表的中国共产党人，结合新的实际，提出关于社会主义建设的一系列重要思想，丰富和发展了毛泽东思想。毛泽东思想是马克思列宁主义在中国的创造性运用和发展，是被实践证明了的关于中国革命和建设的正确的理论原则和经验总结，是中国共产党集体智慧的结晶。

中国共产党和中国人民以英勇顽强的奋斗向世界庄严宣告，中国人民不但善于破坏一个旧世界、也善于建设一个新世界，只有社会主义才能救中国，只有社会主义才能发展中国。

（三）党领导人民创造了改革开放和社会主义现代化建设的伟大成就

为了实现中华民族伟大复兴，中国共产党团结带领中国人民，解放思想、锐意进取，创造了改革开放和社会主义现代化建设的伟大成就。我们实现新中国成立以来党的历史上具有深远意义的伟大转折，确立党在社会主义初级阶段的基本路线，坚定不移推进改革开放，战胜来自各方面的风险挑战，开创、坚持、捍卫、发展中国特色社会主义，实现了从高度集中的计划经济体制到充满活力的社会主义市场经济体制、从封闭半封闭到全方位开放的历史性转变，实现了从生产力相对落后的状况到经济总量跃居世界第二的历史性突破，实现了人民生活从温饱不足到总体小康、奔向全面小康的历史性跨越，为实现中华民族伟大复兴提供了充满新的活力的体制保证和快速发展的物质条件。中国共产党和中国人民以英勇顽强的奋斗向世界庄严宣告，改革开放是决定当代中国前途命运的关键一招，中国大踏步赶上了时代！

党的十一届三中全会以后，以邓小平同志为主要代表的中国共产党人，深刻总结新中国成立以来正反两方面经验，围绕什么是社会主义、怎样建设社会主义这一根本问题，借鉴世界社会主义历史经验，创立了邓小平理论，确立社会主义初级阶段基本路线，明确提出走自己的路、建设中国特色社会主义。党的十三届四中全会以后，以江泽民同志为主要代表的中国共产党人，深刻认识、回答建设什么样的党、怎样建设党的重大问题，形成了"三个代表"重要思想，推进党的建设新的伟大工程，成功把中国特色社会主义推向 21 世纪。党的十六大以后，以胡锦涛同志为主要代表的中国共产党人，深刻认识和回答了新形势下实现什么样的发展、怎样发展等重大问题，形成了科学发展观，推进党的执政能力建设和先进性建设，成功在新形势下坚持和发展了中国特色社会主义。党制定《关于建国以来党的若干历史问题的决议》，标志着党在指导思想上的拨乱反正胜利完成。党领导和支持开展真理标准问题大讨论，从新的实践和时代特征出发坚持和发展马克思主义，科学回答了建设中国特色社会主义的发展道路、发展阶段、根本任务、发展动力、发展战略、政治保证、祖国统一、外交和国际战略、领导力量和依靠力量等一系列基本问题，形成中国特色社会主义理论体系，实现了马克思主义中国化新的飞跃。党始终强调，治国必先治党，治党务必从严，聚精会神抓好党的建设，开创和推进党的建设新的伟大工程。党围绕解决好提高党的领导水平和执政水平、提高拒腐防变和抵御风险能力这两大历史性课题，以执政能力建设和先进性建设为主线，组织开展系列集中性学习教育。党把党风廉政建设和反腐败斗争提高到关系党和国家生死存亡的高度，推进惩治和预防腐败体系建设。

改革开放和社会主义现代化建设的伟大成就举世瞩目，我国实现了从生产力相对落后的状况到经济总量跃居世界第二的历史性突破，实现了人民生活从温饱不足到总体小康、奔向全面小康的历史性跨越，推进了中华民族从站起来到富起来的伟大飞跃。

（四）党领导人民创造了新时代中国特色社会主义的伟大成就

为了实现中华民族伟大复兴，中国共产党团结带领全国各族人民，自信自强、守正创新，统揽伟大斗争、伟大工程、伟大事业、伟大梦想，创造了新时代中国特色社会主义的伟大成就。党的十八大以来，中国特色社会主义进入新时代，我们坚持和加强党的全面领导，统筹推进"五位一体"总体布局、协调推进"四个全面"战略布局，坚持和完善中国特色社会主义制度、推进国家治理体系和治理能力现代化，坚持依规治党、形成比较完善的党内法规体系，战胜一系列重大风险挑战，实现第一个百年奋斗目标，明确实现第二个百年奋斗目标的战略安排，党和国家事业取得历史性成就、发生历史性变革，推

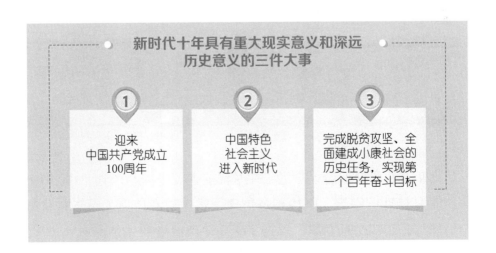

新时代十年具有重大现实意义和深远历史意义的三件大事

1 迎来中国共产党成立100周年

2 中国特色社会主义进入新时代

3 完成脱贫攻坚、全面建成小康社会的历史任务，实现第一个百年奋斗目标

动我国迈上全面建设社会主义现代化国家新征程，为实现中华民族伟大复兴提供了更为完善的制度保证、更为坚实的物质基础、更为主动的精神力量。

党的十八大以来，以习近平同志为主要代表的中国共产党人，坚持把马克思主义基本原理同中国具体实际相结合、同中华优秀传统文化相结合，创立了习近平新时代中国特色社会主义思想。习近平新时代中国特色社会主义思想是当代中国马克思主义、21 世纪马克思主义，是中华文化和中国精神的时代精华。党确立习近平同志党中央的核心、全党的核心地位，确立习近平新时代中国特色社会主义思想的指导地位，反映了全党全军全国各族人民共同心愿，对新时代党和国家事业发展、对推进中华民族伟大复兴历史进程具有决定性意义。

新时代 10 年，以习近平同志为核心的党中央领导全党全军全国各族人民砥砺前行，党和国家事业取得历史性成就、发生历史性变革，中华民族迎来了从站起来、富起来到强起来的伟大飞跃。历史证明，中国共产党不愧为新时代中国特色社会主义事业的坚强领导核心。

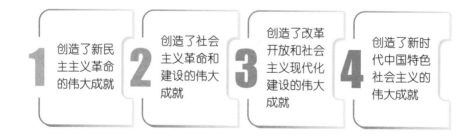

中国共产党百年奋斗重大成就

1 创造了新民主主义革命的伟大成就

2 创造了社会主义革命和建设的伟大成就

3 创造了改革开放和社会主义现代化建设的伟大成就

4 创造了新时代中国特色社会主义的伟大成就

百年奋斗历史锻造了永远走在时代前列的中国共产党。100 多年来，党坚持性质宗旨，坚持理想信念，坚守初心使命，勇于自我革命，锤炼出鲜明政治品格，保持了无产阶级政党的先进性和纯洁性，执政能力和领导水平不断提高，正领导中国人民在中国特色社会主义道路上不可逆转地走向中华民族伟大复兴，无愧为伟大光荣正确的党。

 权威声音

习近平（中共中央总书记、国家主席、中央军委主席）：我国社会主义政治制度优越性的一个突出特点是党总揽全局、协调各方的领导核心作用，形象地说是"众星捧月"，这个"月"就是中国共产党。在国家治理体系的大棋局中，党中央是坐镇中军帐的"帅"，车马炮各展其长，一盘棋大局分明。

三、伟大理想世大同

二十大党章规定："党的最高理想和最终目标是实现共产主义。"中华民族自古就提倡"天下大同"的伟大梦想，我们党立志于中华民族千秋伟业，致力于人类和平与发展崇高事业，全世界人民大团结，实现共产主义美好未来，也是中国共产党自从成立时就确立的初心和使命。《中共中央关于党的百年奋斗重大成就和历史经验的决议》指出，坚持胸怀天下。党始终以世界眼光关注人类前途命运，从人类发展大潮流、世界变化大格局、中国发展大历史正确认识和处理同外部世界的关系，站在历史正确的一边，站在人类进步的一边，不断为人类文明进步贡献智慧和力量，同世界各国人民一道，推动历史车轮向着光明的前途前进。

（一）理想信念是共产党人的根本

习近平总书记指出："坚定理想信念，坚守共产党人精神追求，始终是共产党人安身立命的根本。""我们共产党人锤炼党性，首要的就是坚定共产主义远大理想和中国特色社会主义共同理想。""我们共产党人的根本，就是对马克思主义的信仰，对共产主义和社会主义的信念，对党和人民的忠诚。"党的二十大强调："加强理想信念教育，引导全党牢记党的宗旨，解决好世界观、人生观、价值观这个总开关问题，自觉做共产主义远大理想和中国特色社会主义共同理想的坚定信仰者和忠实实践者。"

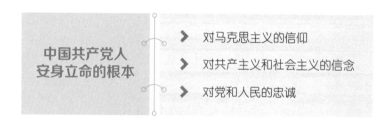

（二）理想信念的衡量标准

习近平总书记指出："衡量一名共产党员、一名领导干部是否具有共产主义远大理想，是有客观标准的，那就要看他能否坚持全心全意为人民服务的根本宗旨，能否吃苦在前、享受在后，能否勤奋工作、廉洁奉公，能否为理想而奋不顾身去拼搏、去奋斗、去献出自己的全部精力乃至生命。"他又强调："对理想信念的检验，和平年代不像战争年代那样直截了当，但依然可以分出优劣高低。领导干部的一招一式、一言一行，都有理想信念的影子。特别是在关键时刻和重大考验面前，公私是否分明，法纪是否严明，就是对理想信念是否坚定的最好检验。"这些重要论述，综合起来至少包括六个方面：践行党的宗旨、具有政治定力、正确处理好吃苦和享受的关系、勤勉与廉洁、勇于担当、拒绝诱惑。

（三）坚定理想信念的意义

理想信念对于中国共产党人来说具有特殊的政治意义。一是理想信念关乎党的生死存亡。理想信念动摇、丧失或缺失，会给党带来"无可挽回的历史性错误"。二是理想信念关乎国家和民族的前途命运。理想信念可以将民众团结起来，增强民族凝聚力。尤其在全球化背景下，国家和民族的生存、发展更需要理想信念和道德价值的支撑。三是理想信念是共产党人的政治灵魂，是共产党人经受任何考验的精神支柱。习近平总书记强调："理想信念是共产党人精神上的'钙'，理想信念坚定，骨头就硬，没有理想信念，或理想信念不坚定，精神上就会'缺钙'，就会得'软骨病'。"无论时代如何变迁，社会如何发展，党员、干部必须始终坚定理想信念，绝不能有丝毫放松和动摇。

 权威评论

　　谢春涛［中共中央党校（国家行政学院）分管日常工作的副（院）校长］：坚定理想信念，坚守共产党人精神追求，始终是共产党人安身立命的根本。对马克思主义的信仰，对社会主义和共产主义的信念，是共产党人的政治灵魂，是共产党人经受住任何考验的精神支柱。

四、人民至上立新功

二十大党章第二条规定："中国共产党党员必须全心全意为人民服务，不惜牺牲个人的一切，为实现共产主义奋斗终身。"全心全意为人民服务是中国共产党人的根本宗旨，其内涵要求和政治定位有一个不断丰富和发展的过程。党的十八大以来，习近平总书记不仅一再重申这一根本宗旨，而且又作出了新的表述，强调"坚持以人民为中心"，"始终把人民放在心中最高位置"，"依靠人民创造历史伟业"，"人民对美好生活的向往，就是我们的奋斗目标"，"朝着实现全体人民共同富裕不断迈进"，"江山就是人民，人民就是江山"。这对于我们更好地把握和坚持党的根本宗旨、推进党和国家的伟大事业，具有重要指导意义。

中国共产党的根本宗旨

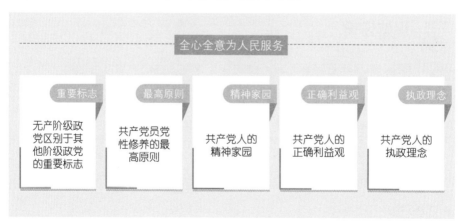

全心全意为人民服务

重要标志	最高原则	精神家园	正确利益观	执政理念
无产阶级政党区别于其他阶级政党的重要标志	共产党员党性修养的最高原则	共产党人的精神家园	共产党人的正确利益观	共产党人的执政理念

（一）全心全意为人民服务是共产党人的根本宗旨

2012年3月1日，习近平同志在中央党校春季学期开学典礼上的讲话中指出："我们共产党人的最高利益和核心价值是全心全意为人民服务、诚心诚意为人民谋利益。作为党员和党的干部，都要经常思考和解决好入党为了什么、当干部干些什么、身后留下什么的问题，决不可为个人或少数人谋私利，而应该始终坚守共产党人全心全意为人民服务的精神家园。"这段话虽然不长，但具有深刻的理论内涵。

1944年9月8日，在延安各界为中央警卫团战士张思德举行的追悼会上，毛泽东发表了《为人民服务》的著名讲演，阐明了我们党和人民军队"为人民利益而死，就比泰山还重"，"为人民的利益坚持好的，为人民的利益改正错的"的根本价值取向。为人民服务这种崇

 **深阅读**

党的根本宗旨"全心全意为人民服务"的提出经历了一个历史过程。1942年，在《在延安文艺座谈会上的讲话》中，毛泽东第一次使用了"为人民服务"的概念。1944年，毛泽东以《为人民服务》为题，发表了纪念张思德的文章，全面阐明了共产党和共产党所领导的革命队伍的宗旨是全心全意为人民服务，对后来党的建设产生了重要而深远的影响。1945年4月23日，毛泽东在党的七大开幕词中首次使用了"全心全意地为人民服务"这一重要概念。

（摘编自《从为人民服务到以人为本执政为民》，《党史博采》2012年第6期，作者：李孙强）

高的价值追求为我们党指明了奋斗前进的方向，为我们党在革命、建设、改革时期战胜一切困难提供了不竭精神动力。

总结我们党的奋斗历程，习近平总书记强调，党的干部必须坚定共产主义远大理想、真诚信仰马克思主义、矢志不渝为中国特色社会主义而奋斗，全心全意为人民服务，求真务实、真抓实干，坚持原则、认真负责，敬畏权力、慎用权力，保持拒腐蚀、永不沾的政治本色，创造出经得起实践、人民、历史检验的实绩。

（二）全心全意为人民服务是共产党人的正确利益观

利益观就是个人、群体或者组织对利益的总体看法和根本态度。一个组织的利益观决定其奋斗目标和行为准则。中国共产党之所以能够历经风风雨雨，走过100多年奋斗历程，在全国执政70多年，并继续带领人民昂首阔步迈上全面建设社会主义现代化国家新征程，就是因为其始终代表最广大人民群众的根本利益，时刻把人民的利益放在首位，全心全意为人民服务。

二十大党章明确规定："党除了工人阶级和最广大人民群众的利益，没有自己特殊的利益。"这一规定体现了我们党的性质和宗旨，体现了我们党的先进性和纯洁性。正是由于代表了最广大人民群众的根本利益，中国共产党才获得了人民的支持，团结带领人民取得了一个又一个胜利。

但是现实生活中也有少数共产党员理想信念发生蜕变，追求物欲享受，甚至以损害他人或人民利益来满足一己私利，或者运用人民赋予的权力来为自己或小集团谋取私利。对于极少数腐败变质的共产党员，对于极少数侵害人民利益的腐败分子，我们党决不姑息，绝不容忍，不断加大反腐败力度，坚决、彻底地把他们清除出党，以保证党的队伍纯洁，保障人民利益不受侵害。

（三）全心全意为人民服务是共产党人的执政理念

2014 年 2 月 7 日，习近平主席在接受俄罗斯电视台专访时明确指出："我的执政理念，概括起来说就是：为人民服务，担当起该担当的责任。"这是从执政理念的高度对党的根本宗旨作出的新阐释。

立党为公、执政为民是我们党的执政理念。我们党一切工作的奋斗目标，都是为了造福广大人民。坚持发展为了人民，就是把最广大人民的根本利益作为党全部工作的根本出发点和落脚点，把人民拥护不拥护、赞成不赞成、高兴不高兴、答应不答应作为衡量一切工作的标准，把发展的成果真正落实到满足人民需要、实现人民利益、提高人民生活水平上。

党的十八大以来，以习近平同志为核心的党中央坚持以人民为中心的发展思想，推出一大批叫得响、立得住、群众认可的硬招、实招，努力做好脱贫攻坚、民生保障等重点工作，不断满足人民群众对美好生活的向往，人民群众获得感显著提升。

新形势下，我们党要经受住"四大考验"、应对"四种危险"，就必须坚守全心全意为人民服务的执政理念，时时处处以人民为中心。只有这样，党和国家的事业才能得到人民群众的广泛支持，中华民族伟大复兴的中国梦才能够早日实现。

（四）坚持人民至上：新时代全心全意为人民服务的新要求

二十大党章把党的百年奋斗宝贵历史经验之一"坚持人民至上"写入总纲，鲜活地展示了党的根本宗旨。只要我们党始终坚持全心全意为人民服务的根本宗旨，坚持党的群众路线，始终牢记江山就是人民、人民就是江山，坚持一切为了人民、一切依靠人民，坚持为人民执政、靠人民执政，坚持发展为了人民、发展依靠人民、发展成果由人民共享，坚定不移走全体人民共同富裕道路，就一定能够领导人民

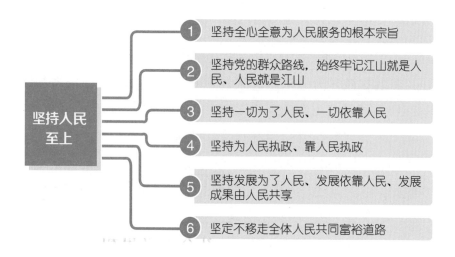

坚持人民至上

1 坚持全心全意为人民服务的根本宗旨

2 坚持党的群众路线，始终牢记江山就是人民、人民就是江山

3 坚持一切为了人民、一切依靠人民

4 坚持为人民执政、靠人民执政

5 坚持发展为了人民、发展依靠人民、发展成果由人民共享

6 坚定不移走全体人民共同富裕道路

夺取中国特色社会主义新的更大胜利。坚持大团结大联合，团结一切可以团结的力量，调动一切可以调动的积极因素，最大限度凝聚起共同奋斗的力量。只要我们不断巩固和发展各民族大团结、全国人民大团结、全体中华儿女大团结，铸牢中华民族共同体意识，形成海内外全体中华儿女心往一处想、劲往一处使的生动局面，就一定能够汇聚起实现中华民族伟大复兴的磅礴伟力。

第三讲

万山磅礴立主峰

——关于习近平新时代中国特色社会主义思想

 "两个结合"新飞跃

 高屋建瓴韬略雄

 守正创新怀天下

 学思践悟功必成

中国特色社会主义进入新时代，我们党勇于进行理论探索和创新，以全新的视野深化对共产党执政规律、社会主义建设规律、人类社会发展规律的认识，取得重大理论创新成果，集中体现为习近平新时代中国特色社会主义思想。二十大党章充实完善习近平新时代中国特色社会主义思想的科学内涵和历史定位，有利于全党深刻领悟"两个确立"的决定性意义，全面贯彻习近平新时代中国特色社会主义思想，把习近平新时代中国特色社会主义思想贯彻落实到党和国家工作各方面全过程。

一、"两个结合"新飞跃

指导思想的与时俱进，是中国共产党的成功密码。党的二十大报告指出："中国共产党为什么能，中国特色社会主义为什么好，归根到底是马克思主义行，是中国化时代化的马克思主义行。"

二十大党章总纲指出：十八大以来，以习近平同志为主要代表的中国共产党人，坚持把马克思主义基本原理同中国具体实际相结合、同中华优秀传统文化相结合，科学回答了新时代坚持和发展什么样的中国特色社会主义、怎样坚持和发展中国特色社会主义等重大时代课题，创立了习近平新时代中国特色社会主义思想。

习近平总书记对关系新时代党和国家事业发展的一系列重大理论和实践问题进行了深邃思考和科学判断，就新时代坚持和发展什么样的中国特色社会主义、怎样坚持和发展中国特色社会主义，建设什么样的社会主义现代化强国、怎样建设社会主义现代化强国，建设什么样的长期执政的马克思主义政党、怎样建设长期执政的马克思主义政党等重大时代课题，提出一系列原创性的治国理政新理念新思想新战略，是习近平新时代中国特色社会主义思想的主要创立者。

习近平新时代中国特色社会主义思想是当代中国马克思主义、21世纪马克思主义，是中华文化和中国精神的时代精华，实现了马克思主义中国化时代化新的飞跃。

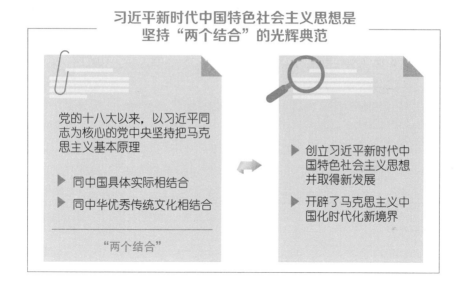

（一）实现了对社会主义建设规律认识的新跃升

党的十八大以来，习近平总书记紧紧围绕中国特色社会主义这一主题，提出了许多重大论断、重要思想，科学回答了新时代坚持和发展什么样的中国特色社会主义、怎样坚持和发展中国特色社会主义等重大时代课题，深化了对社会主义建设规律的认识。习近平新时代中国特色社会主义思想推动新时代中国特色社会主义成为科学社会主义发展的旗帜引领和世界社会主义走向振兴的中流砥柱，为丰富和发展科学社会主义作出了重大原创性贡献，使科学社会主义释放出具有强大说服力、感召力的真理光芒。

党创造性提出中国共产党领导是中国特色社会主义最本质的特征，是中国特色社会主义制度的最大优势，强调"党是最高政治领导力量。党政军民学，东西南北中，党是领导一切的"；准确把握时代特征和我国发展新的历史方位，作出中国特色社会主义进入新时代的重大论断；统筹推进"五位一体"总体布局和协调推进"四个全面"战略布局；提出以自我革命引领社会革命，全面从严治党永远在路上。

党的二十大一以贯之，大会主题中的"高举中国特色社会主义伟大旗帜"，指引我们在新征程继续深化和拓展新时代中国特色社会主义的理论和实践，续写中国特色社会主义新的伟大篇章。

（二）指明了中国式现代化道路的新图景

党的二十大报告指出："从现在起，中国共产党的中心任务就是团结带领全国各族人民全面建成社会主义现代化强国、实现第二个百年奋斗目标，以中国式现代化全面推进中华民族伟大复兴。"

习近平新时代中国特色社会主义思想,科学回答了建设什么样的社会主义现代化强国、怎样建设社会主义现代化强国的重大时代课题,深化拓展了建设社会主义现代化强国的科学内涵,明确了实现这一目标的路径选择、重要原则、战略安排,是引领我们实现第二个百年奋斗目标的科学指南和行动纲领。

党的十九大描绘了全面建设社会主义现代化国家宏伟蓝图,党的二十大对全面建成社会主义现代化强国作出进一步科学谋划,全面概括了中国式现代化的鲜明特征,明确提出中国式现代化的本质要求,明确了到2035年我国发展的总体目标,对今后5年工作进行了科学部署,阐明了前进道路上必须牢牢把握的重大原则:坚持和加强党的全面领导,坚持中国特色社会主义道路,坚持以人民为中心的发展思想,坚持深化改革开放,坚持发扬斗争精神。

 权威声音

习近平(中共中央总书记、国家主席、中央军委主席):一个民族要走在时代前列,就一刻不能没有理论思维,一刻不能没有正确思想指引。中国共产党为什么能,中国特色社会主义为什么好,归根到底是因为马克思主义行。马克思主义之所以行,就在于党不断推进马克思主义中国化时代化并用以指导实践。

（三）开辟了管党治党、兴党强党的新境界

党的十八大以来,以习近平同志为核心的党中央,在领导全面从严治党的实践中,深刻总结党的历史经验特别是新时代全面从严治党实践经验,创造性回答了建设什么样的长期执政的马克思主义政党、怎样建设长期执政的马克思主义政党的重大时代课题。

习近平总书记在党的二十大报告中庄严提出，"全面从严治党永远在路上，党的自我革命永远在路上"，"以党的自我革命引领社会革命"。经过不懈努力，我们党找到了自我革命这一跳出治乱兴衰历史周期率的第二个答案，确保党永远不变质、不变色、不变味。习近平总书记强调的坚持依法治国与制度治党、依规治党统筹推进、一体建设思想，充分发挥了党内法规体系建设在推进国家治理体系和治理能力现代化中的关键作用，使党的制度优势更好转化为治国理政的实际效能，使中国特色社会主义制度的优越性得到更加充分体现。我们党在自我革命中锻造得更加坚强有力。

（四）拓展了人类文明形态的新视野

习近平总书记在党的二十大报告中提出了"人类文明新形态"这一重大论断，赋予了中国特色社会主义新的文明内涵，体现了中国共产党人的"新文明观"，具有深远的世界意义，是塑造和引导人类走向未来的新的时代精神，深化了对人类社会发展规律的认识。

党的十八大以来，中国共产党坚持以马克思主义为指导，深刻把握社会主义文明的本质及其发展规律，推动物质文明、政治文明、精神文明、社会文明、生态文明协调发展，拓展了传统社会主义文明形态，创造了人类文明新形态。

人类文明新形态之所以"新"，是因为它超越了资本主义文明形态，实现了中华文明的复兴，改变了"东方从属于西方"的世界历史进程。人类文明新形态实现了中华文明复兴，是中华文明的崭新形态；人类文明新形态实现了对马克思主义文明观的不断丰富和发展，为在百年未有之大变局中更好解决人类发展难题，科学回答中国之问、世界之问、人民之问、时代之问提供了中国智慧、中国方案、中国力量，使社会主义文明在 21 世纪焕发出蓬勃生机活力。

二、高屋建瓴韬略雄

习近平新时代中国特色社会主义思想内涵丰富、博大精深，涵盖了改革发展稳定、内政外交国防、治党治国治军的方方面面，党的二十大报告指出："十九大、十九届六中全会提出的'十个明确'、'十四个坚持'、'十三个方面成就'概括了这一思想的主要内容，必须长期坚持并不断丰富发展。"

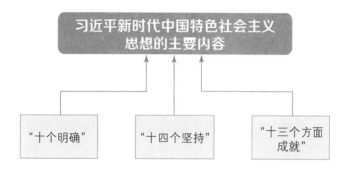

（一）"十个明确"揭示深刻内涵

明确中国特色社会主义最本质的特征是中国共产党领导，中国特色社会主义制度的最大优势是中国共产党领导，中国共产党是最高政治领导力量，全党必须增强"四个意识"、坚定"四个自信"、做到"两个维护"。

明确坚持和发展中国特色社会主义，总任务是实现社会主义现代化和中华民族伟大复兴，在全面建成小康社会的基础上，分两步走在本世纪中叶建成富强民主文明和谐美丽的社会主义现代化强国，以中国式现代化推进中华民族伟大复兴。

明确新时代我国社会主要矛盾是人民日益增长的美好生活需要和不平衡不充分的发展之间的矛盾，必须坚持以人民为中心的发展思想，发展全过程人民民主，推动人的全面发展、全体人民共同富裕取得更为明显的实质性进展。

明确中国特色社会主义事业总体布局是经济建设、政治建设、文化建设、社会建设、生态文明建设五位一体，战略布局是全面建设社会主义现代化国家、全面深化改革、全面依法治国、全面从严治党四个全面。

明确全面深化改革总目标是完善和发展中国特色社会主义制度、推进国家治理体系和治理能力现代化。

明确全面推进依法治国总目标是建设中国特色社会主义法治体系、建设社会主义法治国家。

明确必须坚持和完善社会主义基本经济制度，使市场在资源配置中起决定性作用，更好发挥政府作用，把握新发展阶段，贯彻创新、协调、绿色、开放、共享的新发展理念，加快构建以国内大循环为主

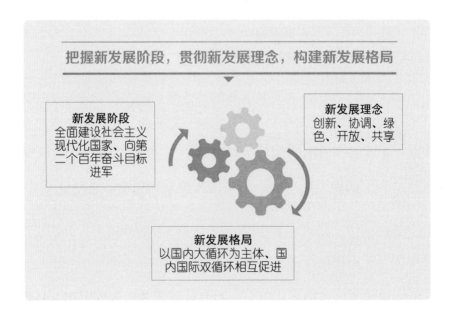

体、国内国际双循环相互促进的新发展格局，推动高质量发展，统筹发展和安全。

明确党在新时代的强军目标是建设一支听党指挥、能打胜仗、作风优良的人民军队，把人民军队建设成为世界一流军队。

明确中国特色大国外交要服务民族复兴、促进人类进步，推动建设新型国际关系，推动构建人类命运共同体。

明确全面从严治党的战略方针，提出新时代党的建设总要求，全面推进党的政治建设、思想建设、组织建设、作风建设、纪律建设，把制度建设贯穿其中，深入推进反腐败斗争，落实管党治党政治责任，以伟大自我革命引领伟大社会革命。

"十个明确"是习近平新时代中国特色社会主义思想的核心内容，广大党员干部必须用之指导实践、推动工作。

（二）"十四个坚持"明确基本方略

第一条是坚持党对一切工作的领导。党政军民学，东西南北中，党是领导一切的。必须增强政治意识、大局意识、核心意识、看齐意识，自觉维护党中央权威和集中统一领导，自觉在思想上政治上行动上同党中央保持高度一致，完善坚持党的领导的体制机制，坚持稳中求进工作总基调，统筹推进"五位一体"总体布局，协调推进"四个全面"战略布局，提高党把方向、谋大局、定政策、促改革的能力和定力，确保党始终总揽全局、协调各方。

第二条是坚持以人民为中心。人民是历史的创造者，是决定党和国家前途命运的根本力量。必须坚持人民主体地位，坚持立党为公、执政为民，践行全心全意为人民服务的根本宗旨，把党的群众路线贯彻到治国理政全部活动之中，把人民对美好生活的向往作为奋斗目标，依靠人民创造历史伟业。

第三条是坚持全面深化改革。只有社会主义才能救中国，只有改革开放才能发展中国、发展社会主义、发展马克思主义。必须坚持和完善中国特色社会主义制度，不断推进国家治理体系和治理能力现代化，坚决破除一切不合时宜的思想观念和体制机制弊端，突破利益固化的藩篱，吸收人类文明有益成果，构建系统完备、科学规范、运行有效的制度体系，充分发挥我国社会主义制度优越性。

第四条是坚持新发展理念。发展是解决我国一切问题的基础和关键，发展必须是科学发展，必须坚定不移贯彻创新、协调、绿色、开放、共享的新发展理念。必须坚持和完善我国社会主义基本经济制度和分配制度，毫不动摇巩固和发展公有制经济，毫不动摇鼓励、支持、引导非公有制经济发展，使市场在资源配置中起决定性作用，更好发挥政府作用，推动新型工业化、信息化、城镇化、农业现代化同步发展，主动参与和推动经济全球化进程，发展更高层次的开放型经济，不断壮大我国经济实力和综合国力。

第五条是坚持人民当家作主。坚持党的领导、人民当家作主、依法治国有机统一是社会主义政治发展的必然要求。必须坚持中国特色社会主义政治发展道路，坚持和完善人民代表大会制度、中国共产党领导的多党合作和政治协商制度、民族区域自治制度、基层群众自治制度，巩固和发展最广泛的爱国统一战线，发展社会主义协商民主，健全民主制度，丰富民主形式，拓宽民主渠道，保证人民当家作主落实到国家政治生活和社会生活之中。

第六条是坚持全面依法治国。全面依法治国是中国特色社会主义的本质要求和重要保障。必须把党的领导贯彻落实到依法治国全过程和各方面，坚定不移走中国特色社会主义法治道路，完善以宪法为核心的中国特色社会主义法律体系，建设中国特色社会主义法治体系，建设社会主义法治国家，发展中国特色社会主义法治理论，坚持依法治国、依法执政、依法行政共同推进，坚持法治国家、法治政府、法治社会一体建设，坚持依法治国和以德治国相结合，依法治国和依

王晨（全国人大常委会副委员长）：党的十八大以来，以习近平同志为核心的党中央立足新的历史方位，深刻把握我国社会主要矛盾发生的新变化，积极回应人民对民主法治、公平正义的新要求新期待，坚持党的领导、人民当家作主、依法治国有机统一，深化对民主政治发展规律的认识，提出全过程人民民主重大理念，健全人民当家作主制度体系，发挥社会主义协商民主重要作用，丰富民主形式，畅通民主渠道，从各层次各领域扩大人民有序政治参与，推动全过程人民民主取得历史性成就，成为新时代我国民主政治领域具有重大创新意义的标志性成果。

规治党有机统一，深化司法体制改革，提高全民族法治素养和道德素质。

第七条是坚持社会主义核心价值体系。文化自信是一个国家、一个民族发展中更基本、更深沉、更持久的力量。必须坚持马克思主义，牢固树立共产主义远大理想和中国特色社会主义共同理想，培育和践行社会主义核心价值观，不断增强意识形态领域主导权和话语权，推动中华优秀传统文化创造性转化、创新性发展，继承革命文化，发展社会主义先进文化，不忘本来、吸收外来、面向未来，更好构筑中国精神、中国价值、中国力量，为人民提供精神指引。

第八条是坚持在发展中保障和改善民生。增进民生福祉是发展的根本目的。必须多谋民生之利、多解民生之忧，在发展中补齐民生短板、促进社会公平正义，在幼有所育、学有所教、劳有所得、病有所医、老有所养、住有所居、弱有所扶上不断取得新进展，深入开展脱贫攻坚，保证全体人民在共建共享发展中有更多获得感，不断促进人的全面发展、全体人民共同富裕。建设平安中国，加强和创新社会治理，维护社会和谐稳定，确保国家长治久安、人民安居乐业。

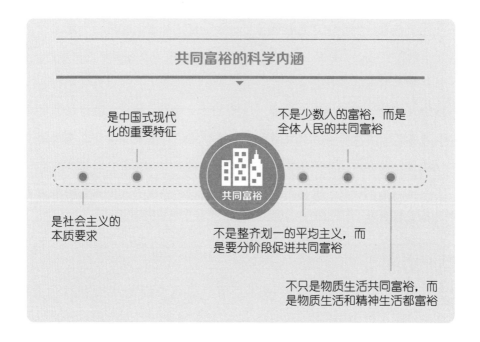

第九条是坚持人与自然和谐共生。建设生态文明是中华民族永续发展的千年大计。必须树立和践行绿水青山就是金山银山的理念，坚持节约资源和保护环境的基本国策，像对待生命一样对待生态环境，统筹山水林田湖草系统治理，实行最严格的生态环境保护制度，形成绿色发展方式和生活方式，坚定走生产发展、生活富裕、生态良好的文明发展道路，建设美丽中国，为人民创造良好生产生活环境，为全球生态安全作出贡献。

第十条是坚持总体国家安全观。统筹发展和安全，增强忧患意识，做到居安思危，是我们党治国理政的一个重大原则。必须坚持国家利益至上，以人民安全为宗旨，以政治安全为根本，统筹外部安全和内部安全、国土安全和国民安全、传统安全和非传统安全、自身安全和共同安全，完善国家安全制度体系，加强国家安全能力建设，坚决维护国家主权、安全、发展利益。

第十一条是坚持党对人民军队的绝对领导。建设一支听党指挥、能打胜仗、作风优良的人民军队，是实现"两个一百年"奋斗目标、实现中华民族伟大复兴的战略支撑。必须全面贯彻党领导人民军队的一系列根本原则和制度，确立新时代党的强军思想在国防和军队建设中的指导地位，坚持政治建军、改革强军、科技兴军、依法治军，更加注重聚焦实战，更加注重创新驱动，更加注重体系建设，更加注重集约高效，更加注重军民融合，实现党在新时代的强军目标。

第十二条是坚持"一国两制"和推进祖国统一。保持香港、澳门长期繁荣稳定，实现祖国完全统一，是实现中华民族伟大复兴的必然要求。必须把维护中央对香港、澳门特别行政区全面管治权和保障特别行政区高度自治权有机结合起来，确保"一国两制"方针不会变、

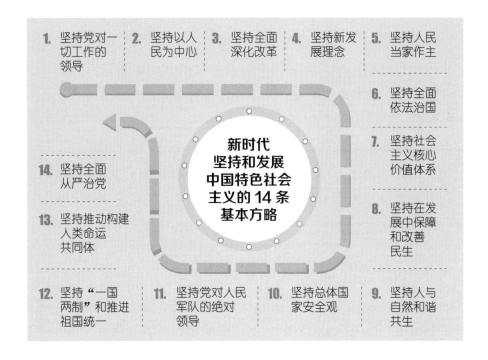

不动摇，确保"一国两制"实践不变形、不走样。必须坚持一个中国原则，坚持"九二共识"，推动两岸关系和平发展，深化两岸经济合作和文化往来，推动两岸同胞共同反对一切分裂国家的活动，共同为实现中华民族伟大复兴而奋斗。

第十三条是坚持推动构建人类命运共同体。中国人民的梦想同各国人民的梦想息息相通，实现中国梦离不开和平的国际环境和稳定的国际秩序。必须统筹国内国际两个大局，始终不渝走和平发展道路、奉行互利共赢的开放战略，坚持正确义利观，树立共同、综合、合作、可持续的新安全观，谋求开放创新、包容互惠的发展前景，促进和而不同、兼收并蓄的文明交流，构筑尊崇自然、绿色发展的生态体系，始终做世界和平的建设者、全球发展的贡献者、国际秩序的维护者。

第十四条是坚持全面从严治党。勇于自我革命，从严管党治党，是我们党最鲜明的品格。必须以党章为根本遵循，把党的政治建设摆在首位，思想建党和制度治党同向发力，统筹推进党的各项建设，抓住"关键少数"，坚持"三严三实"，坚持民主集中制，严肃党内政治生活，严明党的纪律，强化党内监督，发展积极健康的党内政治文化，全面净化党内政治生态，坚决纠正各种不正之风，以零容忍态度惩治腐败，不断增强党自我净化、自我完善、自我革新、自我提高的能力，始终保持党同人民群众的血肉联系。

以上14条构成了新时代坚持和发展中国特色社会主义的基本方略。广大党员干部必须全面贯彻党的基本理论、基本路线、基本方略，推进新时代中国特色社会主义不断开创新局面。

（三）"十三个方面成就"展现实践形态

党的十八大以来，在习近平新时代中国特色社会主义思想指导下，中国共产党领导全国各族人民，统揽伟大斗争、伟大工程、伟大事业、伟大梦想，坚持稳中求进工作总基调，出台一系列重大方针政策，推出一系列重大举措，推进一系列重大工作，战胜一系列重大风险挑战，解决了许多长期想解决而没有解决的难题，办成了许多过去想办而没有办成的大事，推动党和国家事业取得历史性成就、发生历史性变革。

1. 在坚持党的全面领导上

党的领导是全面的、系统的、整体的，保证党的团结统一是党的生命；党中央集中统一领导是党的领导的最高原则，加强和维护党中央集中统一领导是全党共同的政治责任，坚持党的领导首先要旗帜鲜明讲政治，保证全党服从中央。党的十八大以来，党中央权威和集中统一领导得到有力保证，党的领导制度体系不断完善，党的领导方式更加科学，全党思想上更加统一、政治上更加团结、行动上更加一致，党的政治领导力、思想引领力、群众组织力、社会号召力显著增强。

2. 在全面从严治党上

党中央从制定和落实中央八项规定破题，坚持从中央政治局做起、从领导干部抓起，以上率下改进工作作风。坚持思想建党和制度治党同向发力，用党的创新理论武装全党，筑牢信仰之基、补足精神之钙、把稳思想之舵，保持共产党人政治本色，挺起共产党人的精神脊梁。党提出和贯彻新时代党的组织路线，坚持德才兼备、以德为先，坚持五湖四海、任人唯贤。不断健全组织体系，以提升组织力为重点，增强党组织政治功能和组织功能。坚持依规治党，严格遵守党章，形成比较完善的党内法规体系，严格制度执行，党的建设科学化、制度化、规范化水平明显提高。坚持不敢腐、不能腐、不想腐一体推进，坚定不移"打虎""拍蝇""猎狐"。领导完善党和国家监督体系，构建巡视巡察上下联动格局，构建以党内监督为主导、各类监督贯通协调的机制，加强对权力运行的制约和监督。

党的十八大以来，经过坚决斗争，全面从严治党的政治引领和政治保障作用充分发挥，党的自我净化、自我完善、自我革新、自我提高能力显著增强，管党治党宽松软状况得到根本扭转，反腐败斗争取得压倒性胜利并全面巩固，消除了党、国家、军队内部存在的严重隐患，党在革命性锻造中更加坚强。

全面从严治党是新时代伟大变革的鲜明特征

▶ 坚持以党的政治建设为统领，确保全党集中统一

▶ 坚持把思想建设作为党的基础性建设，用马克思主义中国化时代化最新成果武装全党

▶ 坚持落实中央八项规定精神不动摇，以钉钉子精神纠治"四风"、树立新风

▶ 坚持不敢腐、不能腐、不想腐一体推进，与腐败作坚决斗争

▶ 坚持依规治党、纪法贯通，推动制度优势更好转化为国家治理效能

▶ 坚持深化政治巡视，充分发挥巡视发现问题、形成震慑、推动改革、促进发展的作用

▶ 坚持整治一切损害群众利益的腐败和不正之风，让人民群众感到公平正义就在身边

▶ 坚持抓住"关键少数"以上率下，压紧压实全面从严治党政治责任

3. 在经济建设上

党加强对经济工作的战略谋划和统一领导，完善党领导经济工作体制机制。作出坚持以高质量发展为主题、以供给侧结构性改革为主线、建设现代化经济体系、把握扩大内需战略基点，打好防范化解重大风险、精准脱贫、污染防治三大攻坚战等重大决策。坚持实施创新驱动发展战略，强化国家战略科技力量，推进关键核心技术攻关和自主创新，加快建设创新型国家和世界科技强国。全面实施供给侧结构性改革，推进制造强国建设。实施区域协调发展战略，推进以人为核心的新型城镇化。始终把解决好"三农"问题作为全党工作重中之重，实施乡村振兴战略，加快推进农业农村现代化。党的十八大以

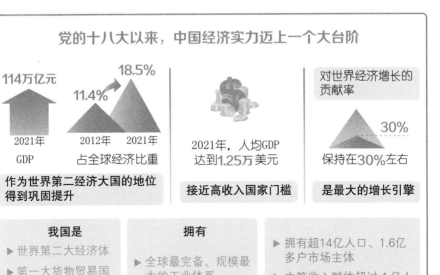

党的十八大以来，中国经济实力迈上一个大台阶

114万亿元
2021年
GDP

11.4% → 18.5%
2012年 2021年
占全球经济比重

作为世界第二经济大国的地位得到巩固提升

2021年，人均GDP达到1.25万美元

接近高收入国家门槛

对世界经济增长的贡献率
30%
保持在30%左右

是最大的增长引擎

我国是
▶ 世界第二大经济体
▶ 第一大货物贸易国
▶ 第二大消费市场

拥有
▶ 全球最完备、规模最大的工业体系

▶ 拥有超14亿人口、1.6亿多户市场主体
▶ 中等收入群体超过4亿人

数据来源："中国这十年"系列主题新闻发布会

来，我国经济发展平衡性、协调性、可持续性明显增强，国内生产总值（GDP）突破百万亿元大关，人均国内生产总值超过1万美元，国家经济实力、科技实力、综合国力跃上新台阶，我国经济迈上更高质量、更有效率、更加公平、更可持续、更为安全的发展之路。

4.在全面深化改革开放上

党的十八届三中全会对经济体制、政治体制、文化体制、社会体制、生态文明体制、国防和军队改革和党的建设制度改革作出部署，确定全面深化改革的总目标、战略重点、优先顺序、主攻方向、工作机制、推进方式和时间表、路线图。实现改革由局部探索、破冰突围到系统集成、全面深化的转变，开创了我国改革开放新局面。

党坚持改革正确方向，以促进社会公平正义、增进人民福祉为出发点和落脚点，推动改革全面发力、多点突破、蹄疾步稳、纵深推进，从夯基垒台、立柱架梁到全面推进、积厚成势，再到系统集成、协同高效，各领域基础性制度框架基本确立，许多领域实现历史性变革、系统性重塑、整体性重构。

坚持共商共建共享，推动共建"一带一路"高质量发展，使共建"一带一路"成为当今世界深受欢迎的国际公共产品和国际合作平台。我国坚持对内对外开放相互促进、"引进来"和"走出去"更好结合，推动贸易和投资自由化便利化，构建面向全球的高标准自由贸易区网络，建设自由贸易试验区和海南自由贸易港，推动规则、规制、管理、标准等制度型开放，形成更大范围、更宽领域、更深层次对外开放格局，构建互利共赢、多元平衡、安全高效的开放型经济体系，不断增强我国国际经济合作和竞争新优势。

党的十八大以来，党不断推动全面深化改革向广度和深度进军，中国特色社会主义制度更加成熟更加定型，国家治理体系和治理能力现代化水平不断提高，党和国家事业焕发出新的生机活力。

5. 在政治建设上

党坚持党的领导、人民当家作主、依法治国有机统一，积极发展全过程人民民主，健全全面、广泛、有机衔接的人民当家作主制度体系，构建多样、畅通、有序的民主渠道，丰富民主形式，从各层次各领域扩大人民有序政治参与，使各方面制度和国家治理更好体现人民意志、保障人民权益、激发人民创造。

党的十九届四中全会着眼于党长期执政和国家长治久安，对坚持和完善中国特色社会主义制度、推进国家治理体系和治理能力现代化作出总体擘画，重点部署坚持和完善支撑中国特色社会主义制度的根本制度、基本制度、重要制度。

党的十八大以来，我国社会主义民主政治制度化、规范化、程序化全面推进，中国特色社会主义政治制度优越性得到更好发挥，生动活泼、安定团结的政治局面得到巩固和发展。

6. 在全面依法治国上

党的十八届四中全会和中央全面依法治国工作会议专题研究全面依法治国问题，就科学立法、严格执法、公正司法、全民守法作出顶层设计和重大部署，统筹推进法律规范体系、法治实施体系、法治监督体系、法治保障体系和党内法规体系建设。

党领导健全保证宪法全面实施的体制机制，确立宪法宣誓制度，弘扬社会主义法治精神，提高国家机构依法履职能力，提高各级领导干部运用法治思维和法治方式解决问题、推动发展的能力，增强全社会法治意识。加快完善以宪法为核心的中国特色社会主义法律体系，深化以司法责任制为重点的司法体制改革，推进政法领域全面深化改革。

党的十八大以来，中国特色社会主义法治体系不断健全，法治中国建设迈出坚实步伐，法治固根本、稳预期、利长远的保障作用进一步发挥，党运用法治方式领导和治理国家的能力显著增强。

7. 在文化建设上

党着力解决意识形态领域党的领导弱化问题，立破并举、激浊扬清，就意识形态领域许多方向性、战略性问题作出部署，确立和坚持马克思主义在意识形态领域指导地位的根本制度，健全意识形态工作责任制，推动全党动手抓宣传思想工作。推动用党的创新理论武装全党、教育人民、指导实践，深化马克思主义理论研究和建设，推进中国特色哲学社会科学学科体系、学术体系、话语体系建设。高度重视传播手段建设和创新，高度重视互联网这个意识形态斗争的主阵地、主战场、最前沿，健全互联网领导和管理体制，坚持依法管网治网，营造清朗的网络空间。

党坚持以社会主义核心价值观引领文化建设，注重用社会主义先进文化、革命文化、中华优秀传统文化培根铸魂，广泛开展中国特色社会主义和中国梦宣传教育，推动理想信念教育常态化制度化，完善

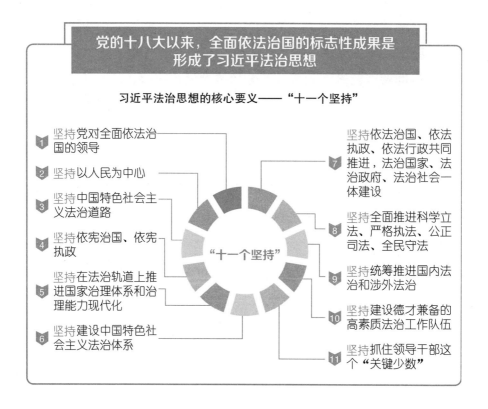

党的十八大以来，全面依法治国的标志性成果是形成了习近平法治思想

习近平法治思想的核心要义——"十一个坚持"

"十一个坚持"

1 坚持党对全面依法治国的领导

2 坚持以人民为中心

3 坚持中国特色社会主义法治道路

4 坚持依宪治国、依宪执政

5 坚持在法治轨道上推进国家治理体系和治理能力现代化

6 坚持建设中国特色社会主义法治体系

7 坚持依法治国、依法执政、依法行政共同推进，法治国家、法治政府、法治社会一体建设

8 坚持全面推进科学立法、严格执法、公正司法、全民守法

9 坚持统筹推进国内法治和涉外法治

10 坚持建设德才兼备的高素质法治工作队伍

11 坚持抓住领导干部这个"关键少数"

思想政治工作体系。党推动学习党史、新中国史、改革开放史、社会主义发展史，建成中国共产党历史展览馆，开展庆祝中国共产党成立100周年等活动，有力彰显党心民心、国威军威，在全社会唱响了主旋律、弘扬了正能量。

实施中华优秀传统文化传承发展工程，推动中华优秀传统文化创造性转化、创新性发展。加快国际传播能力建设，向世界讲好中国故事、中国共产党故事，传播好中国声音，促进人类文明交流互鉴，国家文化软实力、中华文化影响力明显提升。

党的十八大以来，我国意识形态领域形势发生全局性、根本性转变，全党全国各族人民文化自信明显增强，全社会凝聚力和向心力极大提升，为新时代开创党和国家事业新局面提供了坚强思想保证和强

大精神力量。

8. 在社会建设上

党坚持精准扶贫，确立不愁吃、不愁穿和义务教育、基本医疗、住房安全有保障工作目标，实行"军令状"式责任制，动员全党全国全社会力量，上下同心、尽锐出战，攻克坚中之坚、解决难中之难，组织实施人类历史上规模最大、力度最强的脱贫攻坚战，形成伟大脱贫攻坚精神，历史性地解决了绝对贫困问题，创造了人类减贫史上的奇迹。

2020 年，面对突如其来的新冠肺炎疫情，党中央果断决策、沉着应对，坚持人民至上、生命至上，提出坚定信心、同舟共济、科学防治、精准施策的总要求，开展抗击疫情人民战争、总体战、阻击战，周密部署武汉保卫战、湖北保卫战，举全国之力实施规模空前的生命大救援，慎终如始抓好"外防输入、内防反弹"，坚持统筹疫情防控和经济社会发展，最大限度保护了人民生命安全和身体健康，在全球率先控制住疫情、率先复工复产、率先恢复经济社会发展，抗疫斗争取得重大战略成果，铸就了伟大抗疫精神。

党按照坚守底线、突出重点、完善制度、引导预期的思路，在收入分配、就业、教育、社会保障、医疗卫生、住房保障等方面推出一系列重大举措，注重加强普惠性、基础性、兜底性民生建设，推进基本公共服务均等化。实施就业优先政策，深化教育教学改革创新，我国建成世界上规模最大的社会保障体系，10.2 亿人拥有基本养老保险，13.6 亿人拥有基本医疗保险。全面推进健康中国建设，及时推动完善重大疫情防控体制机制、健全国家公共卫生应急管理体系，促进中医药传承创新发展，健全遍及城乡的公共卫生服务体系。加快体育强国建设，广泛开展全民健身活动。积极应对人口老龄化，加快建设养老服务体系，调整优化生育政策，促进人口长期均衡发展。加快建立多主体供给、多渠道保障、租购并举的住房制度，加大保障房建设投入力度，城乡居民住房条件明显改善。

党着眼于国家长治久安、人民安居乐业，建设更高水平的平安中国，完善社会治理体系，健全党组织领导的自治、法治、德治相结合的城乡基层治理体系。加强国家应急管理体系和能力建设。坚持和发展新时代"枫桥经验"，坚持系统治理、依法治理、综合治理、源头治理，完善信访制度，健全社会矛盾纠纷多元预防调处化解综合机制，加强社会治安综合治理，开展扫黑除恶专项斗争，坚决惩治放纵、包庇黑恶势力甚至充当保护伞的党员干部，防范和打击暴力恐怖、新型网络犯罪、跨国犯罪。

党的十八大以来，我国社会建设全面加强，人民生活全方位改善，社会治理社会化、法治化、智能化、专业化水平大幅度提升，发展了人民安居乐业、社会安定有序的良好局面，续写了社会长期稳定奇迹。

9. 在生态文明建设上

党中央强调，生态文明建设是关乎中华民族永续发展的根本大计，保护生态环境就是保护生产力，改善生态环境就是发展生产力，决不以牺牲环境为代价换取一时的经济增长。必须坚持"绿水青山就是金山银山"的理念，坚持山水林田湖草沙一体化保护和系统治理，像保护眼睛一样保护自然和生态环境，像对待生命一样对待自然和生态环境，更加自觉地推进绿色发展、循环发展、低碳发展，坚持走生产发展、生活富裕、生态良好的文明发展道路。

党从思想、法律、体制、组织、作风上全面发力，全方位、全地域、全过程加强生态环境保护，开展一系列根本性、开创性、长远性工作。党组织实施主体功能区战略，建立健全自然资源资产产权制度、国土空间开发保护制度、生态文明建设目标评价考核制度和责任追究制度、生态补偿制度、河湖长制、林长制、环境保护"党政同责"和"一岗双责"等制度，制定修订相关法律法规。党领导着力打赢污染防治攻坚战，打好蓝天、碧水、净土保卫战。我国积极参与全

党的十八大以来，我国生态文明建设和生态环境保护取得历史性成就

这十年

▶ **74** 个重点城市PM$_{2.5}$平均浓度下降了 **56%**，重污染天数减少了 **87%**

▶ 2021年，全国地级及以上城市重污染天数比2015年减少了 **51%**

▶ 我国单位GDP二氧化碳排放下降了 **34.4%**

煤炭在一次能源消费中的占比从 **68.5%** 下降到 **56%**

 我国空气污染治理成效明显

我国是第一个治理PM$_{2.5}$的发展中国家，被誉为全球治理大气污染速度最快的国家

 **历史性成就**

 绿色低碳

可再生能源开发利用规模、新能源汽车产销量都稳居世界第一

土壤污染风险得到有效管控

 全面禁止"洋垃圾"入境，实现了固体废物"零进口"的目标

▶ 自然保护地面积约占全国陆域国土面积的 **18%**，

300 多种珍稀、濒危野生动植物野外种群数量得到恢复和增长

数据来源：生态环境部

球环境与气候治理，作出力争 2030 年前实现碳达峰、2060 年前实现碳中和的庄严承诺，体现了负责任大国的担当。

党的十八大以来，党中央以前所未有的力度抓生态文明建设，全党全国推动绿色发展的自觉性和主动性显著增强，美丽中国建设迈出重大步伐，我国生态环境保护发生历史性、转折性、全局性变化。

10. 在国防和军队建设上

党提出新时代的强军目标,确立新时代军事战略方针,制定到2027年实现建军一百年奋斗目标、到2035年基本实现国防和军队现代化、到本世纪中叶全面建成世界一流军队的国防和军队现代化新"三步走"战略,推进政治建军、改革强军、科技强军、人才强军、依法治军,加快军事理论现代化、军队组织形态现代化、军事人员现代化、武器装备现代化,加快机械化信息化智能化融合发展,全面加强练兵备战,坚持走中国特色强军之路。毫不动摇坚持党对人民军队绝对领导的根本原则和制度,坚持人民军队最高领导权和指挥权属于党中央和中央军委,全面深入贯彻军委主席负责制。

提出改革强军战略,领导开展新中国成立以来最为广泛、最为深刻的国防和军队改革,重构人民军队领导指挥体制、现代军事力量体系、军事政策制度,形成了军委管总、战区主战、军种主建新格局。贯彻依法治军战略,构建中国特色军事法治体系,加快治军方式根本性转变。

提出新时代人民军队使命任务,创新军事战略指导,调整优化军事战略布局,强化人民军队塑造态势、管控危机、遏制战争、打赢战争的战略功能。人民军队大抓实战化军事训练,建设强大稳固的现代边海空防,有效应对外部军事挑衅,震慑"台独"分裂行径。

党的十八大以来,在党的坚强领导下,人民军队实现整体性革命性重塑、重整行装再出发,国防实力和经济实力同步提升,一体化国家战略体系和能力加快构建,建立健全退役军人管理保障体制,国防动员更加高效,军政军民团结更加巩固。人民军队坚决履行新时代使命任务,以顽强斗争精神和实际行动捍卫了国家主权、安全、发展利益。

11. 在维护国家安全上

党中央强调,国泰民安是人民群众最基本、最普遍的愿望。必须坚持底线思维、居安思危、未雨绸缪，坚持国家利益至上，以人民安全为宗旨，以政治安全为根本，以经济安全为基础，以军事、科技、文化、社会安全为保障，以促进国际安全为依托，统筹发展和安全，统筹开放和安全，统筹传统安全和非传统安全，统筹自身安全和共同安全，统筹维护国家安全和塑造国家安全。

党的十八大以来，我国开创了维护国家安全的崭新局面

习近平总书记强调保证国家安全是头等大事，提出总体国家安全观，涵盖政治、军事、国土、经济、文化、社会、科技、网络、生态、资源、核、海外利益、太空、深海、极地、生物等诸多领域，要求全党增强斗争精神、提高斗争本领，落实防范化解各种风险的领导责任和工作责任。

党着力推进国家安全体系和能力建设，设立中央国家安全委员会，完善集中统一、高效权威的国家安全领导体制，完善国家安全法治体系、战略体系和政策体系，建立国家安全工作协调机制和应急管理机制。党把安全发展贯穿国家发展各领域全过程，注重防范化解影响我国现代化进程的重大风险，坚定维护国家政权安全、制度安全、意识形态安全。

党的十八大以来，国家安全得到全面加强，经受住了来自政治、经济、意识形态、自然界等方面的风险挑战考验，为党和国家兴旺发达、长治久安提供了有力保证。

12. 在坚持"一国两制"和推进祖国统一上

党中央审时度势，作出健全中央依照宪法和基本法对特别行政区行使全面管治权、完善特别行政区同宪法和基本法实施相关制度机制的重大决策，推动建立健全特别行政区维护国家安全的法律制度和执行机制、制定《中华人民共和国香港特别行政区维护国家安全法》、完善香港特别行政区选举制度，落实"爱国者治港"原则，支持特别行政区完善公职人员宣誓制度。中央坚定支持香港特别行政区依法止暴制乱、恢复秩序，支持行政长官和特别行政区政府依法施政，坚决防范和遏制外部势力干预港澳事务，严厉打击分裂、颠覆、渗透、破坏活动。全面支持香港、澳门更好融入国家发展大局，高质量建设粤港澳大湾区，支持港澳发展经济、改善民生，增强港澳同胞国家意识和爱国精神。这一系列标本兼治的举措，推动香港局势实现由乱到治的重大转折，为推进依法治港治澳、促进"一国两制"实践行稳致远打下了坚实基础。

党把握两岸关系时代变化，丰富和发展国家统一理论和对台方针政策，推动两岸关系朝着正确方向发展。习近平总书记就对台工作提出一系列重要理念、重大政策主张，形成新时代党解决台湾问题的总体方略。

实践证明，有中国共产党的坚强领导，有伟大祖国的坚强支撑，有全国各族人民包括香港特别行政区同胞、澳门特别行政区同胞和台湾同胞的同心协力，香港、澳门长期繁荣稳定一定能够保持，祖国完全统一一定能够实现。

13. 在外交工作上

党中央强调，面对复杂严峻的国际形势和前所未有的外部风险挑战，必须统筹国内国际两个大局，健全党对外事工作领导体制机制，加强对外工作顶层设计，对中国特色大国外交作出战略谋划，推动建设新型国际关系，推动构建人类命运共同体，弘扬和平、发展、公平、正义、民主、自由的全人类共同价值，引领人类进步潮流。

党把握新时代外交工作大局，紧扣服务民族复兴、促进人类进步这条主线，高举和平、发展、合作、共赢的旗帜，推进和完善全方位、多层次、立体化的外交布局，积极发展全球伙伴关系。我国积极参与全球治理体系改革和建设，维护以联合国为核心的国际体系、以国际法为基础的国际秩序、以联合国宪章宗旨和原则为基础的国际关系基本准则，维护和践行真正的多边主义，坚决反对单边主义、保护主义、霸权主义、强权政治，积极推动经济全球化朝着更加开放、包容、普惠、平衡、共赢的方向发展。我国建设性参与国际和地区热点问题政治解决，在气候变化、减贫、反恐、网络安全和维护地区安全等领域发挥积极作用。我国开展抗击新冠肺炎疫情国际合作，发起新中国成立以来最大规模的全球紧急人道主义行动，向众多国家特别是发展中国家提供物资援助、医疗支持、疫苗援助和合作，展现负责任大国形象。

经过持续努力，中国特色大国外交全面推进，构建人类命运共同体成为引领时代潮流和人类前进方向的鲜明旗帜，我国外交在世界大变局中开创新局、在世界乱局中化危为机，我国国际影响力、感召力、塑造力显著提升。

三、守正创新怀天下

实践没有止境，理论创新也没有止境。继续推进实践基础上的理论创新，首先要把握好习近平新时代中国特色社会主义思想的世界观和方法论，坚持好、运用好贯穿其中的立场观点方法。这就要求我们必须坚持人民至上，必须坚持自信自立，必须坚持守正创新，必须坚持问题导向，必须坚持系统观念，必须坚持胸怀天下，站稳人民立场、把握人民愿望、尊重人民创造、集中人民智慧，坚持对马克思主义的坚定信仰、对中国特色社会主义的坚定信念，坚定道路自信、理论自信、制度自信、文化自信，不断提出真正解决问题的新理念新思路新办法，为前瞻性思考、全局性谋划、整体性推进党和国家各项事业提供科学思想方法。

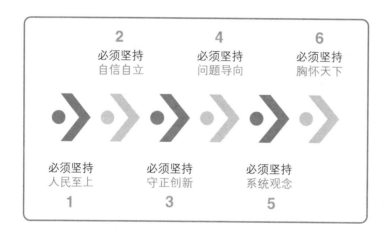

习近平新时代中国特色社会主义思想的世界观和方法论：
"六个必须坚持"

（一）必须坚持人民至上

人民性是马克思主义的本质属性，党的理论是来自人民、为了人民、造福人民的理论，人民的创造性实践是理论创新的不竭源泉。一切脱离人民的理论都是苍白无力的，一切不为人民造福的理论都是没有生命力的。我们要站稳人民立场、把握人民愿望、尊重人民创造、集中人民智慧，形成为人民所喜爱、所认同、所拥有的理论，使之成为指导人民认识世界和改造世界的强大思想武器。

（二）必须坚持自信自立

中国人民和中华民族从近代以后的深重苦难走向伟大复兴的光明前景，从来就没有教科书，更没有现成答案。党的百年奋斗成功道路是党领导人民独立自主探索开辟出来的，马克思主义的中国篇章是中国共产党人依靠自身力量实践出来的，贯穿其中的一个基本点就是中国的问题必须从中国基本国情出发，由中国人自己来解答。我们要坚持对马克思主义的坚定信仰、对中国特色社会主义的坚定信念，坚定道路自信、理论自信、制度自信、文化自信，以更加积极的历史担当和创造精神为发展马克思主义作出新的贡献，既不能刻舟求剑、封闭僵化，也不能照抄照搬、食洋不化。

（三）必须坚持守正创新

我们从事的是前无古人的伟大事业，守正才能不迷失方向、不犯颠覆性错误，创新才能把握时代、引领时代。我们要以科学的态度对待科学、以真理的精神追求真理，坚持马克思主义基本原理不动摇，坚持党的全面领导不动摇，坚持中国特色社会主义不动摇，紧跟时代步伐，顺应实践发展，以满腔热忱对待一切新生事物，不断拓展认识的广度和深度，敢于说前人没有说过的新话，敢于干前人没有干过的事情，以新的理论指导新的实践。

（四）必须坚持问题导向

问题是时代的声音，回答并指导解决问题是理论的根本任务。今天我们所面临问题的复杂程度、解决问题的艰巨程度明显加大，给理论创新提出了全新要求。我们要增强问题意识，聚焦实践遇到的新问题、改革发展稳定存在的深层次问题、人民群众急难愁盼问题、国际变局中的重大问题、党的建设面临的突出问题，不断提出真正解决问题的新理念新思路新办法。

（五）必须坚持系统观念

万事万物是相互联系、相互依存的。只有用普遍联系的、全面系统的、发展变化的观点观察事物，才能把握事物发展规律。我国是一个发展中大国，仍处于社会主义初级阶段，正在经历广泛而深刻的社会变革，推进改革发展、调整利益关系往往牵一发而动全身。我们要善于通过历史看现实、透过现象看本质，把握好全局和局部、当前和长远、宏观和微观、主要矛盾和次要矛盾、特殊和一般的关系，不断提高战略思维、历史思维、辩证思维、系统思维、创新思维、法治思维、底线思维能力，为前瞻性思考、全局性谋划、整体性推进党和国家各项事业提供科学思想方法。

（六）必须坚持胸怀天下

中国共产党是为中国人民谋幸福、为中华民族谋复兴的党，也是为人类谋进步、为世界谋大同的党。我们要拓展世界眼光，深刻洞察人类发展进步潮流，积极回应各国人民普遍关切，为解决人类面临的共同问题作出贡献，以海纳百川的宽阔胸襟借鉴吸收人类一切优秀文明成果，推动建设更加美好的世界。

当代中国正在经历人类历史上最为宏大而独特的实践创新，改革发展稳定任务之重、矛盾风险挑战之多、治国理政考验之大都前所未有。世界百年变局和世纪疫情相互交织，世界之变、时代之变、历史之变正以前所未有的方式展开，人类社会面临前所未有的挑战。前进道路上，形势越复杂，任务越艰巨，越要把握好习近平新时代中国特色社会主义思想的世界观和方法论，坚持好、运用好贯穿其中的立场观点方法，不断提高攻坚克难、化解矛盾、驾驭复杂局面的能力，努力赢得优势、赢得主动、赢得未来。

权威声音

习近平（中共中央总书记、国家主席、中央军委主席）：学习贯彻党的创新理论，要理解把握其世界观和方法论，坚持好、运用好贯穿其中的立场观点方法。党的二十大报告强调，要坚持人民至上、坚持自信自立、坚持守正创新、坚持问题导向、坚持系统观念、坚持胸怀天下。对这6条，要在学习贯彻中认真领会，从而深入领会党的创新理论的道理学理哲理，做到知其言更知其义、知其然更知其所以然，切实把党的创新理论贯彻落实到党和国家工作各方面全过程。

四、学思践悟功必成

当前和今后一个时期，全党的一项重大政治任务是深入学习贯彻习近平新时代中国特色社会主义思想，不断深化认识、统一思想，激励广大干部群众更加紧密地团结在以习近平同志为核心的党中央周

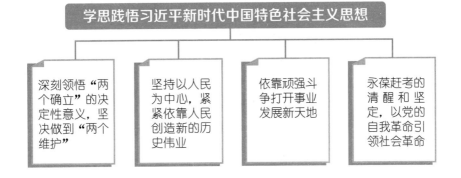

围，弘扬伟大建党精神，牢记"三个务必"，为全面建成社会主义现代化强国、实现第二个百年奋斗目标，以中国式现代化全面推进中华民族伟大复兴不懈奋斗。

（一）深刻领悟"两个确立"的决定性意义，坚决做到"两个维护"

新时代的 10 年在党史、新中国史、改革开放史、社会主义发展史、中华民族发展史上都具有里程碑意义。10 年来，习近平总书记作为党中央的核心、全党的核心掌舵领航，习近平新时代中国特色社会主义思想作为党和国家的指导思想指引航向，党带领全国人民采取一系列战略性举措，推进一系列变革性实践，实现一系列突破性进展，取得一系列标志性成果，攻克了许多长期没有解决的难题，办成了许多事关长远的大事要事，经受住了来自政治、经济、意识形态、自然界等方面的风险挑战考验，党和国家事业取得历史性成就、发生历史性变革。新时代新征程，全党必须不断增强维护习近平同志党中央的核心、全党的核心地位的政治自觉、思想自觉、行动自觉，真正

 权威评论

曲青山（中共中央党史和文献研究院院长）："两个确立"，是马克思主义政党建设的根本要求，是总结党的百年奋斗历程的重要经验，是新时代党和国家取得历史性成就、发生历史性变革的根本原因，是党的十八大以来党取得的最大政治成果，是赢得未来的根本政治保证。从实践维度认识把握"两个确立"，就是全党同志尤其是党员领导干部，必须解决好领悟"两个确立"、拥护"两个确立"、落实"两个确立"、捍卫"两个确立"的问题，从而坚决做到"两个维护"。

做到情感上衷心爱戴核心、思想上高度认同核心、政治上绝对拥护核心、组织上自觉服从核心、行动上紧紧跟随核心，坚决维护党中央集中统一领导。进一步学懂弄通做实习近平新时代中国特色社会主义思想，把握好习近平新时代中国特色社会主义思想的世界观和方法论，坚持好、运用好贯穿其中的立场观点方法，自觉做习近平新时代中国特色社会主义思想的坚定信仰者和忠实实践者。

（二）坚持以人民为中心，紧紧依靠人民创造新的历史伟业

人民是历史的创造者，是推动历史前进的根本力量。我们党的根基在人民，血脉在人民，力量在人民。新时代10年的伟大变革进一步证明，赢得人民信任，得到人民支持，党就能够克服任何困难，就能够无往而不胜。新时代新征程，践行宗旨、凝心聚力，始终把人民放在心中最高位置，坚持人民至上、紧紧依靠人民、不断造福人民、牢牢植根人民，不断实现好、维护好、发展好最广大人民根本利益。要践行以人民为中心的发展思想，坚持发展为了人民、发展依靠人民、发展成果由人民共享，坚定不移走全体人民共同富裕道路。要以"我将无我，不负人民"的精神境界为人民鞠躬尽瘁、无私奉献，把人民拥护不拥护、赞成不赞成、高兴不高兴、答应不答应作为衡量一切工作得失的根本标准，永远保持同人民群众的血肉联系。

（三）依靠顽强斗争打开事业发展新天地

今天，我们比历史上任何时期都更接近、更有信心和能力实现中华民族伟大复兴的目标。也应看到，中华民族伟大复兴绝不是轻轻松松、敲锣打鼓就能实现的，前进道路上仍然存在可以预料和难以预料的各种风险挑战，甚至会遇到难以想象的惊涛骇浪。新时代新征程，必须进一步坚定理想信念，牢记初心使命，始终保持谦虚谨慎、不骄不躁、艰苦奋斗，以越是艰险越向前的精神，迎难而上，敢于斗争，

善于斗争，以咬定青山不放松的执着奋力实现既定目标，以行百里者半九十的清醒不懈推进中华民族伟大复兴。

（四）永葆赶考的清醒和坚定，以党的自我革命引领社会革命

打铁必须自身硬。全面建设社会主义现代化国家，实现新时代新征程各项目标任务，关键在党。新时代新征程，党面临的执政考验、改革开放考验、市场经济考验、外部环境考验将长期存在，精神懈怠危险、能力不足危险、脱离群众危险、消极腐败危险将长期存在，必须持之以恒推进全面从严治党，深入推进新时代党的建设新的伟大工程，确保党在新时代新征程坚持和发展中国特色社会主义的历史进程中始终成为坚强领导核心，为全面建设社会主义现代化国家、实现第二个百年奋斗目标，以中国式现代化全面推进中华民族伟大复兴提供坚强政治保证。

第四讲

初心如磐新使命

——关于以中国式现代化全面推进中华民族伟大复兴

 特征鲜明重国情

 本质要求内涵深

 战略宏阔部署稳

 团结奋斗终圆梦

党的二十大报告指出："我们党立志于中华民族千秋伟业，致力于人类和平与发展崇高事业，责任无比重大，使命无上光荣。"新时代新征程中国共产党的中心任务是：团结带领全国各族人民全面建成社会主义现代化强国、实现第二个百年奋斗目标，以中国式现代化全面推进中华民族伟大复兴。二十大党章据此增写了"以中国式现代化全面推进中华民族伟大复兴"。

一、特征鲜明重国情

为实现中华民族伟大复兴，中国共产党进行了百年奋斗、实现了

中国式现代化的五个特征

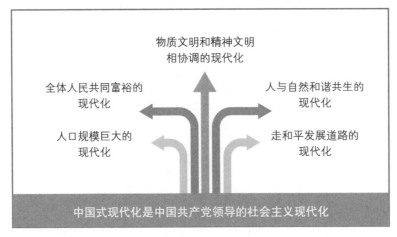

物质文明和精神文明
相协调的现代化

全体人民共同富裕的
现代化

人与自然和谐共生的
现代化

人口规模巨大的
现代化

走和平发展道路的
现代化

中国式现代化是中国共产党领导的社会主义现代化

第一个百年奋斗目标，现在进入全面建设社会主义现代化国家新征程的关键时刻。怎样在 21 世纪中叶如期实现中华民族伟大复兴的中国梦？"以中国式现代化全面推进中华民族伟大复兴。"这是习近平总书记在党的二十大报告中给出的重要结论。

（一）中国式现代化是人口规模巨大的现代化

发达国家用了近 300 年，让 10 亿左右人口进入现代化。在我们这样一个 14 亿多人口的发展中国家实现现代化，在人类发展史上没有先例，其影响将是世界性的。我国 14 亿多人口整体迈进现代化社会，规模超过现有发达国家人口的总和，艰巨性和复杂性前所未有，发展途径和推进方式也必然具有自己的特点。我们始终从国情出发想问题、作决策、办事情，既不好高骛远，也不因循守旧，保持历史耐心，坚持稳中求进、循序渐进、持续推进。

（二）中国式现代化是全体人民共同富裕的现代化

共同富裕是中国特色社会主义的本质要求，也是一个长期的历史过程。我们坚持把实现人民对美好生活的向往作为现代化建设的出发点和落脚点，着力维护和促进社会公平正义，着力促进全体人民共同富裕，坚决防止两极分化。

（三）中国式现代化是物质文明和精神文明相协调的现代化

物质富足、精神富有是社会主义现代化的根本要求。物质贫困不是社会主义，精神贫乏也不是社会主义。我们不断厚植现代化的物质基础，不断夯实人民幸福生活的物质条件，同时大力发展社会主义先进文化，加强理想信念教育，传承中华文明，促进物的全面丰富和人的全面发展。

（四）中国式现代化是人与自然和谐共生的现代化

人与自然是生命共同体，无止境地向自然索取甚至破坏自然必然会遭到大自然的报复。我们坚持可持续发展，坚持节约优先、保护优先、自然恢复为主的方针，像保护眼睛一样保护自然和生态环境，坚定不移走生产发展、生活富裕、生态良好的文明发展道路，实现中华民族永续发展。

（五）中国式现代化是走和平发展道路的现代化

我国不走一些国家通过战争、殖民、掠夺等方式实现现代化的老路，那种损人利己、充满血腥罪恶的老路给广大发展中国家人民带来深重苦难。我们坚定站在历史正确的一边、站在人类文明进步的一边，高举和平、发展、合作、共赢旗帜，在坚定维护世界和平与发展中谋求自身发展，又以自身发展更好维护世界和平与发展。

习近平总书记进一步深刻指出："我们党领导人民不仅创造了世所罕见的经济快速发展和社会长期稳定两大奇迹，而且成功走出了中

📝 **权威评论**

陈晋（中共中央党史和文献研究院原院务委员）：中国式现代化，是中国共产党领导的、坚持以人民为中心的社会主义现代化；中国式现代化既是发展道路，也是前进方向；既是中华民族伟大复兴的实现方式，也是中华民族发展史上令人鼓舞的奋斗目标；既有各国现代化的共同特征，更有基于国情的中国特色；既不是其他国家社会主义实践的再版，也不是国外现代化发展的翻版；既不走封闭僵化的老路，也不走改旗易帜的邪路，而是坚持在中国特色社会主义道路上实现现代化。

国式现代化道路，创造了人类文明新形态。这些前无古人的创举，破解了人类社会发展的诸多难题，摒弃了西方以资本为中心的现代化、两极分化的现代化、物质主义膨胀的现代化、对外扩张掠夺的现代化老路。"习近平总书记这些精辟论述，深刻地揭示了中国式现代化新道路的科学内涵，即中国式现代化不是以资本为中心而是以人民为中心的现代化，不是两极分化而是以全体中国人民共同富裕为最终目的的现代化，不是物质主义膨胀而是物质文明和精神文明相协调的现代化，不是竭泽而渔而是人与自然和谐共生的现代化，不是对外扩张掠夺而是走和平发展道路的现代化。

二、本质要求内涵深

中国式现代化的本质要求是：坚持中国共产党领导，坚持中国特色社会主义，实现高质量发展，发展全过程人民民主，丰富人民精神世界，实现全体人民共同富裕，促进人与自然和谐共生，推动构建人类命运共同体，创造人类文明新形态。

第一，坚持中国共产党领导。中国共产党是社会主义现代化事业的创造者、推动者、实践者，是实现中国式现代化的坚强领导核心。

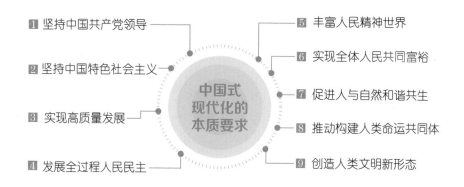

1 坚持中国共产党领导　　　5 丰富人民精神世界
2 坚持中国特色社会主义　　6 实现全体人民共同富裕
中国式现代化的本质要求
3 实现高质量发展　　　7 促进人与自然和谐共生
　　　8 推动构建人类命运共同体
4 发展全过程人民民主　　　9 创造人类文明新形态

党作为以中国式现代化推进中华民族伟大复兴的掌舵人、领航者，在全面建设社会主义现代化国家新征程中发挥着总揽全局、协调各方的领导核心作用。只有坚持党的领导才能确保中国式现代化沿着社会主义正确方向前进。历史和实践一再雄辩地证明，中国共产党的领导是实现中国式现代化的根本保证，只有坚持党的全面领导，中国式现代化才能走向光明未来。

第二，坚持中国特色社会主义。中国共产党是中国特色社会主义事业的领导核心，始终把为中国人民谋幸福、为中华民族谋复兴作为自己的初心和使命，以满足人民对美好生活的需要为奋斗目标，决定了中国式现代化是以马克思主义为指导、植根于中华文化沃土、反映中国人民意愿、适应时代发展进步要求的中国特色社会主义现代化道路。只有坚持社会主义的现代化才是唯一正确的选择。十年砥砺奋进，我们坚持和发展中国特色社会主义，推动物质文明、政治文明、精神文明、社会文明、生态文明协调发展，成功走出了中国式现代化道路，创造了人类文明新形态。实践充分证明，中国特色社会主义是党和人民历经千辛万苦、付出巨大代价取得的根本成就，是创造人民美好生活、实现中华民族伟大复兴的康庄大道。党的二十大报告指出，"坚持道不变、志不改，既不走封闭僵化的老路，也不走改旗易帜的邪路，坚持把国家和民族发展放在自己力量的基点上，坚持把中国发展进步的命运牢牢掌握在自己手中"。谱写全面建设社会主义现代化国家新篇章，必须坚持中国特色社会主义。

第三，实现高质量发展。高质量发展是全面建设社会主义现代化国家的首要任务。发展是党执政兴国的第一要务。没有坚实的物质技术基础，就不可能全面建成社会主义现代化强国。不管是民生福祉的增进、生活品质的提升，还是公共服务体系的健全、公共服务水平的提高，抑或是规范收入分配秩序和财富积累机制、扎实推进共同富裕，都离不开高质量发展。高质量发展是能够很好满足人民日益增长的美

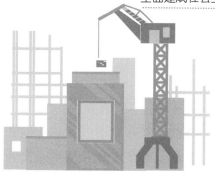

首要任务

高质量发展是全面建设社会主义现代化国家的首要任务

必要条件

发展是党执政兴国的第一要务。没有坚实的物质技术基础，就不可能全面建成社会主义现代化强国

高质量发展的重要地位

必然选择

高质量发展是新时代经济发展的必然选择

好生活需要的发展，是体现新发展理念的发展，是创新成为第一动力、协调成为内生特点、绿色成为普遍形态、开放成为必由之路、共享成为根本目的的发展。高质量发展是新时代经济发展的必然选择。

第四，发展全过程人民民主。人民民主是社会主义的生命，是全面建设社会主义现代化国家的应有之义。民主是全人类共同价值，是中国共产党和中国人民始终不渝坚持的重要理念。中国共产党始终高举人民民主的旗帜，发展社会主义民主政治。全过程人民民主是社会主义民主政治的本质属性，是最广泛、最真实、最管用的民主。全过程人民民主是中国共产党团结带领人民追求民主、发展民主、实现民主的伟大创造，是党不断推进中国民主理论创新、制度创新、实践创新的经验结晶。要始终坚持党的领导、人民当家作主、依法治国有机统一，坚定不移走中国特色社会主义政治发展道路，坚持和完善人民当家作主制度体系，更加切实、更有成效地推进全过程人民民主，从各方面、全方位为人民当家作主提供有力保障，充分体现人民意志、保障人民权益、激发人民创造活力。

第五，丰富人民精神世界。要毫不动摇坚持和发展马克思主义，巩固马克思主义在意识形态领域的指导地位，巩固全党全国各族人民团结奋斗的共同思想基础；要推进新时代哲学社会科学的创新工程和社科普及工作，提升公众人文素养，丰富人民精神世界；要积极推进新时代公民道德建设工程，弘扬中华美德，提高全社会文明程度，以文化人，善化乡邦，优化治理；要实施重大文化产业带动战略，推进公共文化资源共建共享；要基于中华文化资源宝库多元创作，分众传播，讲好中国故事，推动中华文化更好走向世界；要保护中华历史文化遗产，系统整理研究中华文化基因的理念体系，协同全球力量，系统开展中华文化和文化中国研究，弘扬中华文化价值追求和人文精神，以文化中国丰富人民精神世界，增进中华民族文化认同，促进人类文明交流互鉴。

第六，实现全体人民共同富裕。中国式现代化是全体人民共同富裕的现代化。中国式现代化决不能走西方那种"富者累巨万，而贫者食糟糠"的两极分化道路，要始终坚持以人民为中心的发展思想，自觉主动解决地区差距、城乡差距、收入分配差距，促进社会公平正义；要坚持社会主义基本经济制度，坚持公有制为主体、多种所有制经济共同发展，坚持按劳分配为主体、多种分配方式并存，坚持社会主义市场经济体制。党的十八大以来，党中央把握发展阶段新变化，把逐步实现全体人民共同富裕摆在更加重要的位置上，推动区域协调发展，采取有力措施保障和改善民生，打赢脱贫攻坚战，全面建成小康社会，为促进共同富裕创造了良好条件。迈上新征程我们要实现好、维护好、发展好最广大人民根本利益，紧紧抓住人民最关心最直接最现实的利益问题，坚持尽力而为、量力而行，深入群众、深入基层，采取更多惠民生、暖民心举措，着力解决好人民群众急难愁盼问题，健全基本公共服务体系，提高公共服务水平，增强均衡性和可及性，扎实推进共同富裕。

第七，促进人与自然和谐共生。习近平总书记在党的二十大报告中指出，大自然是人类赖以生存发展的基本条件。尊重自然、顺应自然、保护自然，是全面建设社会主义现代化国家的内在要求。必须牢固树立和践行绿水青山就是金山银山的理念，站在人与自然和谐共生的高度谋划发展。我们要推进美丽中国建设，坚持山水林田湖草沙一体化保护和系统治理，统筹产业结构调整、污染治理、生态保护、应对气候变化，协同推进降碳、减污、扩绿、增长，推进生态优先、节约集约、绿色低碳发展。在全面建设社会主义现代化国家新征程上，以习近平生态文明思想为指引，像保护眼睛一样保护生态环境，像对待生命一样对待生态环境，我国人与自然和谐共生的现代化就一定能实现。

第八，推动构建人类命运共同体。中国共产党既为中国人民谋幸福、为中华民族谋复兴，也为人类谋进步、为世界谋大同。人类命运共同体理念，揭示了世界各国相互依存和人类命运紧密相连的客观规律，反映了全人类共同价值，找到了共建美好世界的最大公约数，为全球治理体系改革和建设贡献中国智慧、提供了中国方案。2021年10月25日，习近平主席指出："我们应该携手推动构建人类命运共同体，共同建设持久和平、普遍安全、共同繁荣、开放包容、清洁美丽的世界。"中国发展得益于国际社会，中国也为全球发展作出了贡献。中国将继续奉行互利共赢的开放战略，将自身发展机遇同世界各国分享。环顾当今世界，全球发展进程遭受严重冲击，南北差距、复苏分化、发展断层、技术鸿沟等问题更加突出。为推动国际社会重新聚焦发展合作，加快落实联合国2030年可持续发展议程，2021年中国提出全球发展倡议，得到100多个国家和包括联合国在内的多个国际组织积极响应和支持；2022年中国提出全球安全倡议，引发国际社会强烈共鸣。中国始终坚持维护世界和平、促进共同发展的外交政策宗旨，致力于推动构建人类命运共同体，中国人民愿同世界人民携手开创人类更加美好的未来。

第九，创造人类文明新形态。党领导人民在实践中创造的人类文明新形态，具有鲜明中国气派，同时又吸收了人类创造的一切优秀文明成果。中国式现代化深刻影响了世界历史进程，拓展了发展中国家走向现代化的途径，给世界上那些既希望加快发展又希望保持自身独立性的国家和民族提供了全新选择。中国式现代化提高了我们对社会主义建设规律和人类社会发展规律的认识，也对世界前景与人类命运有着深刻的影响和深远的意义。中国式现代化的经验和成就表明，创造一个不同于资本主义的文明新形态是完全可能和必需的。人类文明新形态还将在实践中不断丰富和发展，显示出蓬勃向上的强大生命力和凝聚共识的强大号召力。未来之中国，必将以更加开放的姿态拥抱世界、以更有活力的文明成就贡献世界！

三、战略宏阔部署稳

实现新时代新征程使命任务，党的二十大对实现第二个百年奋斗目标、全面推进中华民族伟大复兴进行了科学谋划，二十大党章也相应作了修改完善。总体掌握未来 5 年和更长时期党和国家事业发展的目标任务和大政方针，是每一个党员都不可忽略的重要任务。

（一）全面建成社会主义现代化强国总的战略安排

全面建成社会主义现代化强国，总的战略安排是分两步走：从2020 年到 2035 年基本实现社会主义现代化；从 2035 年到本世纪中叶把我国建成富强民主文明和谐美丽的社会主义现代化强国。

（二）基本实现社会主义现代化的总体目标

到 2035 年，我国发展的总体目标是：经济实力、科技实力、综合国力大幅跃升，人均国内生产总值迈上新的大台阶，达到中等发达国家水平；实现高水平科技自立自强，进入创新型国家前列；建成现代化经济体系，形成新发展格局，基本实现新型工业化、信息化、城镇化、农业现代化；基本实现国家治理体系和治理能力现代化，全过程人民民主制度更加健全，基本建成法治国家、法治政府、法治社会；建成教育强国、科技强国、人才强国、文化强国、体育强国、健康中国，国家文化软实力显著增强；人民生活更加幸福美好，居民人均可支配收入再上新台阶，中等收入群体比重明显提高，基本公共服

2035年我国发展的总体目标

- 经济实力、科技实力、综合国力大幅跃升，人均国内生产总值达到中等发达国家水平
- 进入创新型国家行列
- 基本实现新型工业化、信息化、城镇化、农业现代化
- 基本实现国家治理体系和治理能力现代化
- 建成教育强国、科技强国、人才强国、文化强国、体育强国、健康中国
- 人的全面发展、全体人民共同富裕取得更为明显的实质性进展
- 广泛形成绿色生产生活方式，美丽中国目标基本实现
- 基本实现国防和军队现代化

务实现均等化，农村基本具备现代生活条件，社会保持长期稳定，人的全面发展、全体人民共同富裕取得更为明显的实质性进展；广泛形成绿色生产生活方式，碳排放达峰后稳中有降，生态环境根本好转，美丽中国目标基本实现；国家安全体系和能力全面加强，基本实现国防和军队现代化。

在基本实现现代化的基础上，我们要继续奋斗，到本世纪中叶，把我国建设成为综合国力和国际影响力领先的社会主义现代化强国。

（三）未来五年主要目标任务

未来五年是全面建设社会主义现代化国家开局起步的关键时期，主要目标任务是：经济高质量发展取得新突破，科技自立自强能力显著提升，构建新发展格局和建设现代化经济体系取得重大进展；改革开放迈出新步伐，国家治理体系和治理能力现代化深入推进，社会主义市场经济体制更加完善，更高水平开放型经济新体制基本形成；全过程人民民主制度化、规范化、程序化水平进一步提高，中国特色社会主义法治体系更加完善；人民精神文化生活更加丰富，中华民族凝聚力和中华文化影响力不断增强；居民收入增长和经济增长基本同步，劳动报酬提高与劳动生产率提高基本同步，基本公共服务均等化水平明显提升，多层次社会保障体系更加健全；城乡人居环境明显改善，美丽中国建设成效显著；国家安全更为巩固，建军一百年奋斗目标如期实现，平安中国建设扎实推进；中国国际地位和影响进一步提高，在全球治理中发挥更大作用。

（四）未来五年工作的具体方略

1.加快构建新发展格局，着力推动高质量发展

二十大党章总纲第十一自然段提出新要求：把握新发展阶段，贯彻创新、协调、绿色、开放、共享的新发展理念，加快构建以国内大循环为主体、国内国际双循环相互促进的新发展格局，推动高质量发展。高质量发展是全面建设社会主义现代化国家的首要任务。必须完整、准确、全面贯彻新发展理念，坚持社会主义市场经济改革方向，坚持高水平对外开放，加快构建以国内大循环为主体、国内国际双循环相互促进的新发展格局。坚持以推动高质量发展为主题，把实施扩大内需战略同深化供给侧结构性改革有机结合起来，加快建设现代化经济体系，着力推进城乡融合和区域协调发展。要构建高水平社会主义市场经济体制，坚持和完善社会主义基本经济制度，毫不动摇巩固和发展公有制经济，毫不动摇鼓励、支持、引导非公有制经济发展，充分发挥市场在资源配置中的决定性作用，更好发挥政府作用。建设现代化产业体系，推进新型工业化，加快建设制造强国、质量强国、航大强国、交通强国、网络强国、数字中国。全面推进乡村振兴，加快建设农业强国，全方位夯实粮食安全根基，确保中国人的饭碗牢牢端在自己手中。促进区域协调发展，深入实施区域协调发展战略、区域重大战略、主体功能区战略、新型城镇化战略。推进高水平对外开放，稳步扩大规则、规制、管理、标准等制度型开放，加快建设贸易强国，推动共建"一带一路"高质量发展，维护多元稳定的国际经济格局和经贸关系。

2.实施科教兴国战略，强化现代化建设人才支撑

党的二十大报告指出："坚持科技是第一生产力、人才是第一资源、创新是第一动力，深入实施科教兴国战略、人才强国战略、创新驱动发展战略，开辟发展新领域新赛道，不断塑造发展新动能新优势。"坚持为党育人、为国育才，聚天下英才而用之。办好人民满意的教育，培养德智体美劳全面发展的社会主义建设者和接班人。完善科技创新体系，坚持创新在我国现代化建设全局中的核心地位，健全新型举国体制，强化国家战略科技力量，提升国家创新体系整体效能。加快实施创新驱动发展战略，坚决打赢关键核心技术攻坚战。深入实施人才强国战略，坚持尊重劳动、尊重知识、尊重人才、尊重创造，完善人才战略布局，加快建设世界重要人才中心和创新高地。

3. 发展全过程人民民主，保障人民当家作主

人民民主是社会主义的生命，是全面建设社会主义现代化国家的应有之义。全过程人民民主是社会主义民主政治的本质属性，必须坚定不移走中国特色社会主义政治发展道路，坚持党的领导、人民当家作主、依法治国有机统一。要加强人民当家作主制度保障，坚持和完善我国根本政治制度、基本政治制度、重要政治制度，拓展民主渠道，丰富民主形式，支持和保证人民通过人民代表大会行使国家权力。深化工会、共青团、妇联等群团组织改革和建设。坚持走中国人权发展道路，推动人权事业全面发展。全面发展协商民主，推进协商民主广泛多层制度化发展。积极发展基层民主，健全基层党组织领导的基层群众自治机制，完善办事公开制度，保障人民依法管理基层公共事务和公益事业。巩固和发展最广泛的爱国统一战线，坚持大团结大联合，以铸牢中华民族共同体意识为主线，加强和改进党的民族工作。坚持我国宗教中国化方向，积极引导宗教与社会主义社会相适应。加强和改进侨务工作，形成共同致力民族复兴的强大力量。

4. 坚持全面依法治国，推进法治中国建设

更好发挥法治固根本、稳预期、利长远的保障作用，在法治轨道上全面建设社会主义现代化国家。坚持走中国特色社会主义法治道路，建设中国特色社会主义法治体系、建设社会主义法治国家，坚持依法治国、依法执政、依法行政共同推进，坚持法治国家、法治政府、法治社会一体建设，全面推进国家各方面工作法治化。完善以宪法为核心的中国特色社会主义法律体系，推进科学立法、民主立法、依法立法。扎实推进依法行政，转变政府职能，提高行政效率和公信力。完善基层综合执法体制机制。严格公正司法，深化司法体制综合配套改革。加快建设法治社会，弘扬社会主义法治精神，传承中华优

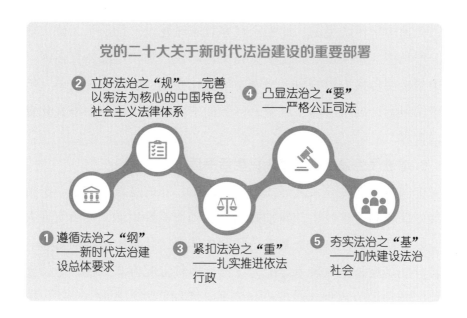

党的二十大关于新时代法治建设的重要部署

❷ 立好法治之"规"——完善以宪法为核心的中国特色社会主义法律体系

❹ 凸显法治之"要"——严格公正司法

❶ 遵循法治之"纲"——新时代法治建设总体要求

❸ 紧扣法治之"重"——扎实推进依法行政

❺ 夯实法治之"基"——加快建设法治社会

秀传统法律文化，努力使尊法学法守法用法在全社会蔚然成风。

5. 推进文化自信自强，铸就社会主义文化新辉煌

全面建设社会主义现代化国家，必须坚持中国特色社会主义文化发展道路，增强文化自信，围绕举旗帜、聚民心、育新人、兴文化、展形象建设社会主义文化强国，发展面向现代化、面向世界、面向未来的，民族的科学的大众的社会主义文化，激发全民族文化创新创造活力，增强实现中华民族伟大复兴的精神力量。坚持马克思主义在意识形态领域指导地位的根本制度，坚持为人民服务、为社会主义服务，坚持百花齐放、百家争鸣，坚持创造性转化、创新性发展，以社会主义核心价值观为引领，发展社会主义先进文化，弘扬革命文化，传承中华优秀传统文化，满足人民日益增长的精神文化需求，巩固全党全国各族人民团结奋斗的共同思想基础，不断提升国家文化软实力和中华文化影响力。建设具有强大凝聚力和引领力的社会主义意识形态。广泛践行社会主义核心价值观，弘扬以伟大建党精神为源头的中国共产党人精神谱系。提高全社会文明程度，实施公民道德建设工程，弘扬中华传统美德，加强家庭家教家风建设，推动明大德、守公德、严私德。繁荣发展文化事业和文化产业，加快建设体育强国。增强中华文明传播力影响力，坚守中华文化立场，讲好中国故事、传播好中国声音，展现可信、可爱、可敬的中国形象，推动中华文化更好走向世界。

6. 增进民生福祉，提高人民生活品质

中国共产党领导人民打江山、守江山，守的是人民的心。坚持在发展中保障和改善民生，鼓励共同奋斗创造美好生活，不断实现人民对美好生活的向往。健全基本公共服务体系，扎实推进共同富裕。要完善分配制度，坚持按劳分配为主体、多种分配方式并存，坚持多劳多得，鼓励勤劳致富，促进机会公平，增加低收入者收入，扩大中等收入群体，规范收入分配秩序，规范财富积累机制。实施就业优先战略，健全社会保障体系，加快建立多主体供给、多渠道保障、租购并举的住房制度。推进健康中国建设，促进中医药传承创新发展，健全公共卫生体系，加强重大疫情防控救治体系和应急能力建设，有效遏制重大传染性疾病传播。

7. 推动绿色发展，促进人与自然和谐共生

牢固树立和践行绿水青山就是金山银山的理念，站在人与自然和谐共生的高度谋划发展。推进美丽中国建设，坚持山水林田湖草沙一体化保护和系统治理，统筹产业结构调整、污染治理、生态保护、应对气候变化，协同推进降碳、减污、扩绿、增长，推进生态优先、节约集约、绿色低碳发展。加快发展方式绿色转型，推动形成绿色低碳的生产方式和生活方式。深入推进环境污染防治，推进城乡人居环境整治。提升生态系统多样化、稳定性、持续性，加快实施重要生态系统保护和修复重大工程，实施生物多样性保护重大工程。积极稳妥推进碳达峰碳中和，加快规划建设新型能源体系，积极参与应对气候变化全球治理。

翟青（生态环境部副部长、党组成员）：2020年，中国碳排放强度比2005年下降48.4%，超额完成向国际社会承诺的目标；2021年，我国煤炭占能源消费总量比重由2005年的72.4%下降至56.0%，非化石能源消费比重达16.6%，可再生能源发电装机突破10亿千瓦，风、光、水、生物质发电装机容量稳居世界第一。我国是全球森林资源增长最多和人工造林面积最大的国家，是全球"增绿"的主力军。我们成功启动了全球覆盖温室气体排放量最大的全国碳市场，有效发挥市场机制对控制温室气体排放、推动绿色低碳转型的作用。我们发布了适应气候变化国家战略，持续开展适应型城市建设试点，适应气候变化能力持续提高。

8. 推进国家安全体系和能力现代化，坚决维护国家安全和社会稳定

　　坚定不移贯彻总体国家安全观，把维护国家安全贯穿党和国家工作各方面全过程，确保国家安全和社会稳定。坚持以人民安全为宗旨、以政治安全为根本、以经济安全为基础、以军事科技文化社会安全为保障、以促进国际安全为依托，统筹外部安全和内部安全、国土安全和国民安全、传统安全和非传统安全、自身安全和共同安全，统筹维护和塑造国家安全，夯实国家安全和社会稳定基层基础，完善参与全球安全治理机制，建设更高水平的平安中国，以新安全格局保障新发展格局。

9. 实现建军一百年奋斗目标，开创国防和军队现代化新局面

　　贯彻新时代党的强军思想，贯彻新时代军事战略方针，坚持党对

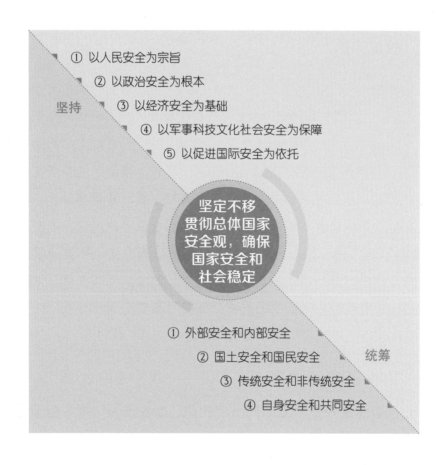

坚持

① 以人民安全为宗旨
② 以政治安全为根本
③ 以经济安全为基础
④ 以军事科技文化社会安全为保障
⑤ 以促进国际安全为依托

坚定不移
贯彻总体国家
安全观，确保
国家安全和
社会稳定

① 外部安全和内部安全
② 国土安全和国民安全 统筹
③ 传统安全和非传统安全
④ 自身安全和共同安全

人民军队的绝对领导，坚持政治建军、改革强军、科技强军、人才强军、依法治军，加快军事理论现代化、军队组织形态现代化、军事人员现代化、武器装备现代化，提高捍卫国家主权、安全、发展利益战略能力，有效履行新时代人民军队使命任务。全面加强人民军队党的建设，确保枪杆子永远听党指挥。健全贯彻军委主席负责制体制机制。全面加强练兵备战，提高人民军队打赢能力，创新军事战略指导，发展人民战争战略战术，打造强大战略威慑力量体系。巩固拓展国防和军队改革成果，加强依法治军机制建设和战略规划。巩固提高一体化国家战略体系和能力，加强国防科技工业能力建设，加强国防动员和后备力量建设，做好退役军人服务保障工作，巩固发展军政军民团结。

10. 坚持和完善"一国两制"，推进祖国统一

全面准确、坚定不移贯彻"一国两制"、"港人治港"、"澳人治澳"、高度自治的方针，坚持依法治港治澳，落实中央全面管治权，落实"爱国者治港"、"爱国者治澳"原则，促进香港、澳门长期繁荣稳定，支持香港、澳门更好融入国家发展大局，为实现中华民族伟大复兴更好发挥作用。坚持贯彻新时代党解决台湾问题的总体方略，坚定不移推进祖国统一大业。坚持以最大诚意、尽最大努力争取和平统一的前景，但决不承诺放弃使用武力，保留采取一切必要措施的选项，祖国完全统一一定要实现，也一定能够实现！

11. 促进世界和平与发展，推动构建人类命运共同体

坚定奉行独立自主的和平外交政策，始终根据事情本身的是非曲直决定自己的立场和政策，维护国际关系基本准则，维护国际公平正义，坚决反对一切形式的霸权主义和强权政治，反对冷战思维，反对干涉别国内政，反对搞双重标准。中国永远不称霸、永远不搞扩张。中国坚持在和平共处五项原则基础上同各国发展友好合作，推动构建新型国际关系，深化拓展平等、开放、合作的全球伙伴关系，致力于扩大同各国利益的汇合点。秉持真实亲诚理念和正确义利观加强同发展中国家团结合作，维护发展中国家共同利益。中国坚持对外开放的基本国策，坚持经济全球化正确方向，积极参与全球治理体系改革和建设，同世界人民携手开创人类更加美好的未来！

四、团结奋斗终圆梦

党的二十大报告强调："全党必须牢记，坚持党的全面领导是坚持和发展中国特色社会主义的必由之路，中国特色社会主义是实现中华民族伟大复兴的必由之路，团结奋斗是中国人民创造历史伟业的必

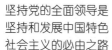

"五个必由之路"

坚持党的全面领导是坚持和发展中国特色社会主义的必由之路 ❶

中国特色社会主义是实现中华民族伟大复兴的必由之路 ❷

团结奋斗是中国人民创造历史伟业的必由之路 ❸

贯彻新发展理念是新时代我国发展壮大的必由之路 ❹

全面从严治党是党永葆生机活力、走好新的赶考之路的必由之路 ❺

由之路，贯彻新发展理念是新时代我国发展壮大的必由之路，全面从严治党是党永葆生机活力、走好新的赶考之路的必由之路。这是我们在长期实践中得出的至关紧要的规律性认识，必须倍加珍惜、始终坚持，咬定青山不放松，引领和保障中国特色社会主义巍巍巨轮乘风破浪、行稳致远。"

（一）把握五项重大原则

党的二十大报告指出：全面建设社会主义现代化国家，是一项伟大而艰巨的事业，前途光明，任重道远。当前，世界百年未有之大变局加速演进，新一轮科技革命和产业变革深入发展，国际力量对比深刻调整，我国发展面临新的战略机遇。同时，世纪疫情影响深远，逆全球化思潮抬头，单边主义、保护主义明显上升，世界经济复苏乏力，局部冲突和动荡频发，全球性问题加剧，世界进入新的动荡变革期。我国改革发展稳定面临不少深层次矛盾，躲不开、绕不过，党的建设特别是党风廉政建设和反腐败斗争面临不少顽固性、多发性问题，来自外部的打压遏制随时可能升级。我国发展进入战略机遇和风险挑战并存、不确定难预料因素增多的时期，各种"黑天鹅""灰犀牛"事件随时可能发生。我们必须增强忧患意识，坚持底线思维，做到居安思危、未雨绸缪，准备经受风高浪急甚至惊涛骇浪的重大考验。前进道路上，必须牢牢把握以下重大原则。

第一，坚持和加强党的全面领导。坚决维护党中央权威和集中统一领导，把党的领导落实到党和国家事业各领域各方面各环节，使党始终成为风雨来袭时全体人民最可靠的主心骨，确保我国社会主义现代化建设正确方向，确保拥有团结奋斗的强大政治凝聚力、发展自信心，集聚起万众一心、共克时艰的磅礴力量。

第二，坚持中国特色社会主义道路。坚持以经济建设为中心，坚持四项基本原则，坚持改革开放，坚持独立自主、自力更生，坚持道不变、志不改，既不走封闭僵化的老路，也不走改旗易帜的邪路，坚持把国家和民族发展放在自己力量的基点上，坚持把中国发展进步的命运牢牢掌握在自己手中。

第三，坚持以人民为中心的发展思想。维护人民根本利益，增进民生福祉，不断实现发展为了人民、发展依靠人民、发展成果由人民

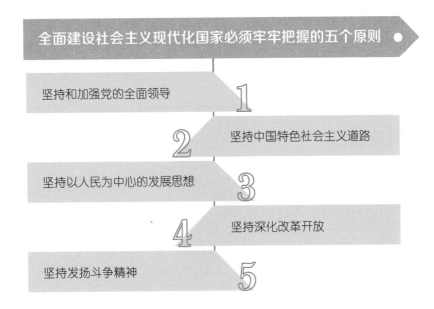

全面建设社会主义现代化国家必须牢牢把握的五个原则

坚持和加强党的全面领导 1

2 坚持中国特色社会主义道路

坚持以人民为中心的发展思想 3

4 坚持深化改革开放

坚持发扬斗争精神 5

共享，让现代化建设成果更多更公平惠及全体人民。

第四，坚持深化改革开放。深入推进改革创新，坚定不移扩大开放，着力破解深层次体制机制障碍，不断彰显中国特色社会主义制度优势，不断增强社会主义现代化建设的动力和活力，把我国制度优势更好转化为国家治理效能。

第五，坚持发扬斗争精神。增强全党全国各族人民的志气、骨气、底气，不信邪、不怕鬼、不怕压，知难而进、迎难而上，统筹发展和安全，全力战胜前进道路上各种困难和挑战，依靠顽强斗争打开事业发展新天地。

（二）形成同心共圆中国梦的强大合力

改革开放与新时代中国特色社会主义事业的胜利开辟，重要推动力量便是人民群众，实现中国梦的主体力量也是最广大的人民群众，这充分彰显了历史唯物主义的群众史观。因此，在实现中国梦的过程中，必须充分尊重人民群众的主体性与创造性。凝聚共识、提升合力是壮大中国力量、共圆中国梦的重要条件，而凝聚共识、提升合力在根本上又离不开党的正确领导。中国共产党人必须在实践过程中高举中国特色社会主义与共产主义的理论旗帜，整合社会力量，培育共识，坚持共同理想，坚守远大理想，在推进实现中国梦的过程中，形

 权威声音

习近平（中共中央总书记、国家主席、中央军委主席）：全党全国各族人民要在党的旗帜下团结成"一块坚硬的钢铁"，心往一处想、劲往一处使，推动中华民族伟大复兴号巨轮乘风破浪、扬帆远航。

深刻理解"五个牢牢把握"的深刻内涵，在党的旗帜下团结成"一块坚硬的钢铁"

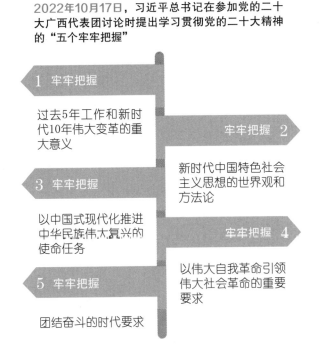

2022年10月17日，习近平总书记在参加党的二十大广西代表团讨论时提出学习贯彻党的二十大精神的"五个牢牢把握"

1 牢牢把握
过去5年工作和新时代10年伟大变革的重大意义

牢牢把握 2
新时代中国特色社会主义思想的世界观和方法论

3 牢牢把握
以中国式现代化推进中华民族伟大复兴的使命任务

牢牢把握 4
以伟大自我革命引领伟大社会革命的重要要求

5 牢牢把握
团结奋斗的时代要求

成中国力量的强大合力。团结就是力量，团结才能胜利。全面建设社会主义现代化国家，必须充分发挥亿万人民的创造伟力。

全党要坚持全心全意为人民服务的根本宗旨，树牢群众观点，贯彻群众路线，尊重人民首创精神，坚持一切为了人民、一切依靠人民，从群众中来、到群众中去，始终保持同人民群众的血肉联系，始终接受人民批评和监督，始终同人民同呼吸、共命运、心连心，不断巩固全国各族人民大团结，加强海内外中华儿女大团结，形成同心共圆中国梦的强大合力。紧密团结在党中央周围，牢记空谈误国、实干兴邦，坚定信心、同心同德，埋头苦干、奋勇前进，为全面建设社会主义现代化国家、全面推进中华民族伟大复兴而团结奋斗！

第五讲

旗帜高扬方向明
——关于"四个自信"

 伟大事业与日新

 伟大成就耀宇穹

 审时度势激斗志

 "四个自信"更坚定

必须坚持人民至上，坚持自信自立，坚持守正创新，坚持问题导向，坚持系统观念，坚持胸怀天下，站稳人民立场、把握人民愿望、尊重人民创造、集中人民智慧，坚持对马克思主义的坚定信仰、对中国特色社会主义的坚定信念，坚定道路自信、理论自信、制度自信、文化自信，不断提出真正解决问题的新理念新思路新办法，为前瞻性思考、全局性谋划、整体性推进党和国家各项事业提供科学思想方法。这是习近平总书记在党的二十大上向全党发出的号召，也是总结党的百年奋斗史、新时代十年奋进史得出的宝贵经验和坚定的历史自信，是我们党在新的历史起点上不忘初心、继续前进的思想引领，充分体现了我们党准确把握时代大势、毫不动摇坚持和发展中国特色社会主义的坚定信念和强大定力。

一、伟大事业与日新

二十大党章总纲第九自然段指出，改革开放以来我们取得一切成绩和进步的根本原因，归结起来就是：开辟了中国特色社会主义道路，形成了中国特色社会主义理论体系，确立了中国特色社会主义制度，发展了中国特色社会主义文化。全党同志要倍加珍惜、长期坚持和不断发展党历经艰辛开创的这条道路、这个理论体系、这个制度、这个文化，高举中国特色社会主义伟大旗帜，坚定道路自信、理论自信、制度自信、文化自信，发扬斗争精神，增强斗争本领，贯彻党的

基本理论、基本路线、基本方略，为实现推进现代化建设、完成祖国统一、维护世界和平与促进共同发展这三大历史任务，实现第二个百年奋斗目标、实现中华民族伟人复兴的中国梦而奋斗。

旗帜标识方向，方向决定道路，道路决定命运。党在100多年奋斗中始终坚持从我国国情出发，探索并形成符合中国实际的正确道路。中国特色社会主义是改革开放以来党的全部理论和实践的主题，是党和人民历经千辛万苦、付出巨大代价取得的根本成就。在波澜壮阔的伟大实践中，党团结带领人民坚持和发展中国特色社会主义，推动物质文明、政治文明、精神文明、社会文明、生态文明协调发展，成功走出了中国式现代化道路，创造了人类文明新形态。事实雄辩地证明，中国特色社会主义是科学社会主义理论逻辑和中国社会发展历史逻辑的辩证统一，是根植于中国大地、反映中国人民意愿、适应中国和时代发展进步要求的科学社会主义，是实现中华民族伟大复兴的必由之路。历史已经并将继续证明，只有社会主义才能救中国，只有中国特色社会主义才能发展中国，只有坚持和发展中国特色社会主义才能实现中华民族伟大复兴。

（一）历史照进现实

社会主义从最初提出到现在，已有 500 多年的时间。它经历了从空想到科学、从理论到实践、从革命到建设的过程，在世界范围内不断"生根发芽""开花结果"，最后在中国得到发展壮大。马克思、恩格斯创立科学社会主义理论体系，列宁领导十月革命取得胜利并实践社会主义，苏联模式逐步形成。中华人民共和国成立后，我们党对社会主义建设进行了探索和实践。改革开放后，我们党开辟了中国特色社会主义道路，第一次比较系统地初步回答了在中国这样经济文化比较落后的国家如何建设社会主义、如何巩固和发展社会主义的一系列基本问题，用新的思想观点继承和发展了马克思主义，开拓了马克思主义新境界，把对社会主义的认识提高到新的科学水平。党的十八大以来，我们党立场坚定、旗帜鲜明地向世人昭告：我们坚定不移高举中国特色社会主义伟大旗帜，为实现中华民族伟大复兴的中国梦而不懈奋斗。回顾历史，中国特色社会主义不是自然产生的，也不是直接套用马克思主义经典作家的理论设想，而是中国共产党人秉持初心，在千难万险中试出来、闯出来的人间正道，是党和人民 100 多年奋斗、创造、积累的根本成就。我们照搬过本本，也模仿过别人，有过迷茫，也有过挫折，一次次碰壁、一次次觉醒、一次次实践、一次次突破，最终创立、形成和发展了中国特色社会主义。历史雄辩地证明，中国特色社会主义是当代中国发展进步的唯一正确方向。

（二）理论推进实践

党的十九大报告指出，"中国特色社会主义是改革开放以来党的全部理论和实践的主题"。主题是理论的灵魂和精华所在，是实践的旗帜和总纲所在。改革开放以来，特别是苏联解体、东欧剧变以后，唱衰中国的舆论就在国际上不绝于耳，各式各样的"中国崩溃论"从来没有中断过。但是，进入中国特色社会主义新时代，中国非但没有崩溃，综合国力反而与日俱增，稳居世界第二大经济体，各项制度不断完善，人民生活水平不断提高，我们比历史上任何时期都更接近中华民族伟大复兴的目标。必须看到，这些伟大成就根源于我们坚定不移地走中国特色社会主义道路，既不走封闭僵化的老路，也不走改旗易帜的邪路，始终保持清醒坚定，保持强大前进定力，真正做到"千磨万击还坚劲，任尔东西南北风"。

（三）自信源于成就

马克思主义必定随着时代和实践的发展而不断发展，不可能一成不变，社会主义从来都是在开拓中前进的。坚持和发展中国特色社会主义是一篇大文章。党的十八大以来，以习近平同志为核心的党中央牢牢把握中国特色社会主义这个主题，统筹推进"五位一体"总体布局、协调推进"四个全面"战略布局，党和国家事业取得历史性成

"四个全面"战略布局的变与不变

"四个全面"战略布局的新表述，确保了"四个全面"战略布局的延续性和完整性，是坚持中国特色社会主义道路、理论、制度的战略抓手，其与时俱进的内涵更新将在全面建设社会主义现代化国家新征程中体现重大现实意义和深远历史意义

全面建成小康社会	变	全面建设社会主义现代化国家
全面深化改革	不变	全面深化改革
全面依法治国	不变	全面依法治国
全面从严治党	不变	全面从严治党

就、发生历史性变革，中国特色社会主义进入了新时代。站在新的历史起点上，我们党对社会主义本质的认识、对中国特色社会主义规律的把握，已经达到了一个前所未有的新高度。

社会主义在中国的活跃和兴旺、成功和胜利，是在中华民族从站起来、富起来到强起来的历史进程中实现的，是在不断顺应人民新期待、开辟发展新境界的历史进程中实现的，也是在国际竞争、国际比较中被世界瞩目的。中国特色社会主义必定随着时代和实践的发展而不断向前发展，必定随着党和人民的不懈奋斗而进入新的发展阶段。随着中国特色社会主义的不断发展，社会主义制度必将越来越成熟，优越性必将进一步显现，中国特色社会主义道路必将越走越宽广，中国特色社会主义文化必将越来越繁荣。我们就是要有这样的道路自信、理论自信、制度自信和文化自信。

 **深阅读**

《中共中央关于党的百年奋斗重大成就和历史经验的决议》指出，中国特色社会主义道路是创造人民美好生活、实现中华民族伟大复兴的康庄大道。脚踏中华大地，传承中华文明，走符合中国国情的正确道路，党和人民就具有无比广阔的舞台，具有无比深厚的历史底蕴，具有无比强大的前进定力。只要我们既不走封闭僵化的老路，也不走改旗易帜的邪路，坚定不移走中国特色社会主义道路，就一定能够把我国建设成为富强民主文明和谐美丽的社会主义现代化强国。

（摘编自《中共中央关于党的百年奋斗重大成就和历史经验的决议》，《人民日报》2021 年 11 月 17 日）

二、伟大成就耀宇穹

党的二十大系统总结了十九大以来党和国家事业发展取得的重大成就，深刻阐述了新时代十年党和国家事业发生的伟大变革，这些是我们坚定"四个自信"的现实依据。

（一）经济建设伟大成就

党的十八大以来，我国经济实力、科技实力、综合国力跃上新台阶，为实现中华民族伟大复兴奠定了更为坚实的物质基础。2021年，我国经济总量超114万亿元，占世界经济比重达18.5%；人均GDP达到1.25万美元，超过世界人均GDP水平（1.21万美元）。我国已经是世界第二大经济体、第一大工业国、第一大货物贸易国、第一大外汇储备国，服务贸易、对外投资、国内消费市场规模稳居世界第二；2013—2021年，中国经济对世界经济增长平均贡献率超过30%，成为全球经济重要的稳定器、动力源。

全球最长跨海大桥、全球最快智能高铁、全球最大单口径球面射电望远镜，重大工程捷报频传；5G、大数据、移动互联网，智能手机、新能源汽车、工业机器人，云经济、宅经济、数字经济，新技术新产品新业态加速涌现；促进京津冀协同发展、长江经济带发展、粤港澳大湾区建设、长三角一体化发展、黄河流域生态保护和高质量发展，高标准高质量建设雄安新区，东中西和东北"四大板块"优势互补，推进以人为核心的新型城镇化，实施乡村振兴战略，中国经济动力充沛。截至2022年7月底，中欧班列通达欧洲24个国家196个城市，累计开行超5.7万列，成为沿线国家和地区互利共赢的纽带。高质量共建"一带一路"，建设自贸试验区等开放平台，扩大高水平开放，推动构建人类命运共同体，中国经济舞台更广。

世界经济艰难复苏，国际市场不确定性增加，新冠肺炎疫情全球蔓延。于危机中育先机、于变局中开新局，中国经济在战胜风险挑战中成长壮大，完备的产业体系，让我们稳如磐石。到 2021 年 6 月，中国是全世界唯一拥有联合国产业分类中全部工业分类的国家，包括汽车、电脑在内的 220 多种主要工业品产量位居世界首位。新冠肺炎疫情考验之下，"中国故事"打动世界，制度优势让中国经济行稳致远、更有底气。

（二）民主政治建设伟大成就

党的十八大以来，我国社会主义民主政治制度化、规范化、程序化全面推进，全过程人民民主全面发展。人民当家作主制度体系不断健全。十年来，我们坚持和完善人民代表大会制度、中国共产党领导的多党合作和政治协商制度、民族区域自治制度、基层群众自治制度，不断健全民主制度、丰富民主形式、拓宽民主渠道，为人民当家作主提供了可靠保障，使各方面制度和国家治理更好体现人民意志、保障人民权益、激发人民创造。中国特色协商民主得到广泛多层制度化发展。党的十八届三中全会把"推进协商民主得到广泛多层制度化

大力发展全过程人民民主

发展"作为政治体制改革的重要内容进行部署。十年来，协商民主的渠道、内容、方式、运行机制等不断丰富发展，形成中国特色协商民主体系，各民主党派、人民团体、社会阶层参政议政的能力、水平和效果都达到新的高度。

党和国家机构职能实现系统性、整体性重构。党的十九届三中全会专题研究机构改革问题，审议通过《中共中央关于深化党和国家机构改革的决定》和《深化党和国家机构改革方案》。党的十九届三中全会后的短短一年多时间里，组建和重新组建部级机构 25 个，调整优化领导管理体制和职责部级机构 31 个。通过机构改革，适应新时代要求的党和国家机构职能体系主体框架初步建立，为完善和发展中国特色社会主义制度、推进国家治理体系和治理能力现代化提供了有力组织保障。

以保障人民生存权、发展权为首要推进人权事业全面发展。实现了第一个百年奋斗目标，全面建成小康社会，历史性地解决了绝对贫困问题；建成了世界上规模最大的教育体系、社会保障体系、医疗卫生体系；坚持人民至上、生命至上，有力应对新冠肺炎疫情，最大限度保护了人民生命安全和身体健康；深入推进司法体制改革，加强平安中国、法治中国建设，保持社会长期稳定，切实保护人民群众生命财产安全。我国积极参与全球人权治理，为世界人权事业发展作出了中国贡献、提供了中国方案。

（三）文化建设伟大成就

习近平总书记强调："文化兴国运兴，文化强民族强。没有高度的文化自信，没有文化的繁荣兴盛，就没有中华民族伟大复兴。"党的十八大以来，在以习近平同志为核心的党中央坚强领导下，我国意识形态领域形势发生全局性、根本性转变，全党全国各族人民文化自信明显增强，全社会凝聚力和向心力极大提升，为新时代开创党和国

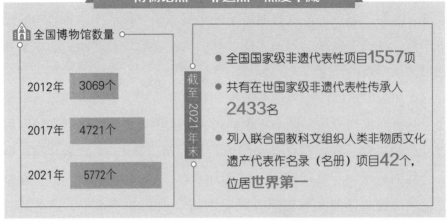

数据来源：国家统计局、文化和旅游部

家事业新局面提供了坚强思想保证和强大精神力量。社会公德、职业道德、家庭美德、个人品德建设持续推进，群众性精神文明创建活动不断深化，新时代文明实践中心建设取得丰硕成果，社会主义核心价值观逐步内化为人们的精神追求、外化为人们的自觉行动。

中华优秀传统文化大力弘扬，文化自信明显增强。实施中华优秀传统文化传承发展工程，推动中华优秀传统文化创造性转化、创新性发展，增强全社会文物保护意识，加大文化遗产保护力度……多措并举使文化遗产资源"活"起来，让"博物馆热""非遗热"热度不减，助力保护、传承、发展优秀传统文化成为社会自觉。

（四）社会建设伟大成就

习近平总书记强调："世界上最大的幸福莫过于为人民幸福而奋斗。"党的十八大以来，在以习近平同志为核心的党中央坚强领导下，我国社会建设全面加强，人民生活全方位改善，社会治理社会化、法治化、智能化、专业化水平大幅度提升，发展了人民安居乐业、社会安定有序的良好局面，续写了社会长期稳定奇迹。

经过全党全国各族人民共同努力，我国脱贫攻坚战取得全面胜利，历史性地解决了绝对贫困问题，创造了人类减贫史上的奇迹。收入分配制度改革持续推进，城乡居民收入差距不断缩小。2021年全国居民人均可支配收入比2012年实际增长78%，城乡居民收入比缩小到2.5，老百姓腰包越来越鼓，人民群众获得感实实在在。民生改善，短板补齐，到2021年底，全国城市道路长度达53.2万公里，城市轨道交通建成里程8571.4公里，居全球首位。

面对百年来全球最严重的新冠肺炎疫情大流行，我国坚持人民至上、生命至上，最大限度保护人民生命安全和身体健康，中国抗疫斗争取得重大战略成果。伴随着健康中国战略全面推进，我国居民人均预期寿命由2015年的76.3岁提高到2021年的78.2岁。到2021年底，我国基本养老保险、基本医疗保险分别覆盖10.3亿人、13.6亿人，社会保障网越织越密，百姓日子越来越安稳，2021年全国群众安全感指数达到98.6%，我国成为世界上公认的最有安全感的国家之一。

（五）生态文明建设伟大成就

习近平总书记指出，"绿水青山就是金山银山"，"生态兴则文明兴"，"生态文明建设是关系中华民族永续发展的根本大计"。党的十八大以来，以习近平同志为核心的党中央以前所未有的力度抓生态文明建设，开展一系列根本性、开创性、长远性工作，建立健全河湖长制、林长制，推行环境保护"党政同责"和"一岗双责"，全党全国推动绿色发展的自觉性和主动性显著增强，美丽中国建设迈出重大步伐，我国生态环境保护发生历史性、转折性、全局性变化。

大力推进山水林田湖草沙一体化保护和系统治理，生态系统质量和稳定性显著提升。国土绿化行动大规模开展，2021年底，我国森林覆盖率已达24.02%，森林蓄积量达到194.93亿立方米，森林面积和森林蓄积量连续多年保持"双增长"。率先在国际上提出和实施生

党的十八大以来十年伟大变革	**❶**	创立了习近平新时代中国特色社会主义思想
	❷	全面加强党的领导
	❸	对新时代党和国家事业发展作出科学完整的战略部署
	❹	实现了小康这个中华民族的千年梦想
	❺	提出并贯彻新发展理念
	❻	以巨大的政治勇气全面深化改革
	❼	实行更加积极主动的开放战略
	❽	坚持走中国特色社会主义政治发展道路
	❾	确立和坚持马克思主义在意识形态领域指导地位的根本制度
	❿	深入贯彻以人民为中心的发展思想
	⓫	坚持绿水青山就是金山银山的理念
	⓬	贯彻总体国家安全观
	⓭	确立党在新时代的强军目标
	⓮	全面准确推进"一国两制"实践
	⓯	全面推进中国特色大国外交
	⓰	深入推进全面从严治党

态保护红线制度，初步划定的全国生态保护红线面积比例不低于陆域国土面积的 25%。以国家公园为主体的自然保护地体系加快构建，正式设立三江源等第一批国家公园，建立各类自然保护地近万处。

坚决打好污染防治攻坚战，人民群众的生态环境获得感幸福感安全感持续增强。各地各部门深入实施大气、水、土壤污染防治三大行动计划，打好蓝天、碧水、净土保卫战，开展农村人居环境整治，全面禁止进口"洋垃圾"。中央生态环境保护督察有力开展，查处一批破坏生态环境的重大典型案件、解决一批人民群众反映强烈的突出环境问题。生态环境部监测数据显示，2021 年，全国地级及以上城市空气质量优良天数比例提升到 87.5%，地表水优良（Ⅰ—Ⅲ类）断面比例提升到 84.9%，劣Ⅴ类水质断面比例下降到 1.2%。

把碳达峰、碳中和纳入生态文明建设整体布局，扎扎实实打好这场硬仗。引领全球气候变化谈判进程，积极推动《巴黎协定》签署、生效、实施，宣布力争 2030 年前实现碳达峰、2060 年前实现碳中和的目标，建立健全绿色低碳循环发展经济体系，持续推动产业结构和能源结构调整，启动全国碳市场交易，加快构建"双碳"政策体系……负责任的大国担当，赢得了国际社会赞誉。降碳减排，扎实推进。截至 2021 年底，我国单位 GDP 二氧化碳排放较 2005 年降低约50.8%。2021 年，我国非化石能源发展迈上新台阶，新能源年发电量首次突破 1 万亿千瓦时大关，继续保持世界领先优势。

党的十八大以来的伟大成就、深刻变革，彰显了中国特色社会主义的强大生机活力，为实现中华民族伟大复兴提供了更为完善的制度保证、更为坚实的物质基础、更为主动的精神力量。

三、审时度势激斗志

中国特色社会主义进入新时代，这是我国发展新的历史方位。当前，我国已迈上全面建设社会主义现代化国家新征程。精准把握时代大势和自身发展阶段，准确把握我国社会主义初级阶段不断变化的特点，是坚持"四个自信"的时代要求和逻辑呈现。

（一）社会主要矛盾转化

我国发展呈现出新的阶段性特征。认识和把握我国社会发展的阶段性特征，要坚持辩证唯物主义和历史唯物主义的方法论，从历史和现实、理论和实践、国内和国际等结合上进行思考，从我国社会发展

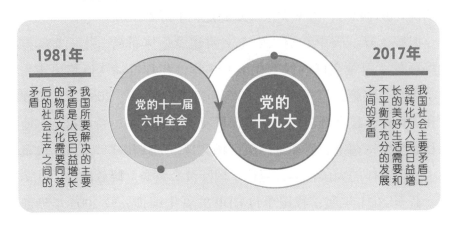

改革开放以来我国社会主要矛盾判断的两次变化

1981年 党的十一届六中全会

我国所要解决的主要矛盾是人民日益增长的物质文化需要同落后的社会生产之间的矛盾

2017年 党的十九大

我国社会主要矛盾已经转化为人民日益增长的美好生活需要和不平衡不充分的发展之间的矛盾

的历史方位上进行思考，从党和国家事业发展大局出发进行思考。必须坚持以人民为中心的发展思想，必须坚持创新、协调、绿色、开放、共享的新发展理念，才能得出正确结论。人民对美好生活的向往始终是我们党的奋斗目标，党章中印刻着我们党不变的初心，要不断增强人民群众的获得感，以更高质量、更有效率、更加公平、更可持续的发展模式去回应人们对美好生活的向往和追求。所以，党的二十大重申，我国社会主要矛盾是人民日益增长的美好生活需要和不平衡不充分的发展之间的矛盾。

（二）基本国情未变

"处大事贵乎明而能断。"我们不能被胜利冲昏头脑，我国社会主要矛盾的变化，没有改变我们党对我国社会主义所处历史阶段的判断。我国仍处于并将长期处于社会主义初级阶段的基本国情没有变，这是在原本经济文化落后的中国实现社会主义现代化不可逾越的历史阶段，需要上百年的时间；我国是世界上最大发展中国家的国际地位没有变，这是我们认识当下、规划未来、制定政策、推进事业的客观基点。

我们在任何情况下都要牢牢把握这个最大国情，推进任何方面的改革发展都要牢牢立足这个最大实际。事实上，发展起来的问题并不比不发展时少，发展中产生的问题也要在发展中解决。当前，我国仍是世界上最大的发展中国家，面临不少困难和问题：发展不平衡不充分问题仍然突出，推进高质量发展还有许多卡点瓶颈，科技创新能力还不强；确保粮食、能源、产业链供应链可靠安全和防范金融风险还须解决许多重大问题；重点领域改革还有不少硬骨头要啃；意识形态领域存在不少挑战；城乡区域发展和收入分配差距仍然较大；群众在就业、教育、医疗、托育、养老、住房等方面面临不少难题；生态环境保护任务依然艰巨；一些党员、干部缺乏担当精神，斗争本领不强，实干精神不足，形式主义、官僚主义现象仍较突出；铲除腐败滋生土壤任务依然艰巨；等等。这些问题，必须加大工作力度加以解决。

（三）冷静面对挑战

世界的发展离不开中国，中国的发展也离不开世界。人类社会正处在一个大发展大变革大调整时代，在新征程开辟中国特色社会主义新境界，还要应对好全球挑战、把握好世界机遇。社会主义在中国焕

 权威声音

习近平（中共中央总书记、国家主席、中央军委主席）：要教育引导全党深刻认识红色政权来之不易、新中国来之不易、中国特色社会主义来之不易，深刻认识中国共产党为什么能、马克思主义为什么行、中国特色社会主义为什么好，不断坚定"四个自信"，不断增强历史定力。

发出强大生机和活力，中国式现代化拓展了发展中国家走向现代化的途径，为解决人类问题贡献了中国智慧、提供了中国方案。同时，我们也要看到阳光背后的阴影，和平赤字、发展赤字、治理赤字是全人类面临的严峻挑战，政党治理、国家治理、全球治理成为全球三大难题。世界局势总体和平，但世纪疫情影响深远，局部冲突和动荡频发，霸权主义、逆全球化暗流涌动等问题依然存在。

"古之立大事者，不惟有超世之才，亦必有坚忍不拔之志。"与时俱进是马克思主义的理论品格，也是社会主义的实践品格。带着胜利的豪情回望过去，要更加充满自信；站在新的起点上展望未来，也要清醒冷静。今天，全面建设社会主义现代化国家又是一次新的长征，前方还有很长的路要走。全党同志要始终坚定"四个自信"，不为任何风险所惧，不为任何干扰所惑，在追求崇高理想的征程上创造更加非凡的中国奇迹。

四、"四个自信"更坚定

"当今世界，要说哪个政党、哪个国家、哪个民族能够自信的话，那中国共产党、中华人民共和国、中华民族是最有理由自信的。"全党全国各族人民正在意气风发向着全面建成社会主义现代化强国的第二个百年奋斗目标迈进，"四个自信"是我们的定海神针，会更加坚定。

（一）更加坚定道路自信

新征程上，我们的道路自信要更加坚定，既不走封闭僵化的老路，也不走改旗易帜的邪路，在中国特色社会主义道路上昂首迈向中华民族伟大复兴。要坚定不移坚持和完善党的领导，坚持独立自主。习近平总书记指出："我们要把命运掌握在自己手中，就要有志不改、

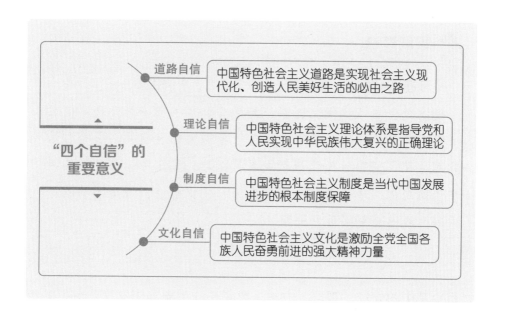

道不变的坚定。"我国发展面临新的战略机遇、战略任务、战略阶段、战略要求、战略环境，需要解决的矛盾和问题、需要应对的风险和挑战更加错综复杂。我们要坚持独立自主、自力更生，以正确的战略策略应变局、育新机、开新局，加强前瞻性思考、全局性谋划、战略性布局、整体性推进；完整、准确、全面贯彻新发展理念，加快构建新发展格局，着力推动高质量发展；坚持以人民为中心的发展思想，在高质量发展中促进共同富裕，依靠顽强斗争打开事业发展新天地。

（二）更加坚定理论自信

习近平新时代中国特色社会主义思想是我们观察时代、把握时代、引领时代的思想武器。理论自信更加坚定，要求我们学深悟透、学懂弄通习近平新时代中国特色社会主义思想，深入掌握其核心要义、精神实质、丰富内涵、实践要求，深刻认识时代意义、理论意义、实践意义、世界意义，体会其中体现的中国共产党人的政治立场、价值追求、精神风范，把握好其世界观和方法论，坚持好、运用

习近平（中共中央总书记、国家主席、中央军委主席）：在全面建设社会主义现代化国家、向第二个百年奋斗目标进军的新征程上，全党必须高举中国特色社会主义伟大旗帜，坚持以马克思主义中国化时代化最新成果为指导，坚定中国特色社会主义道路自信、理论自信、制度自信、文化自信，坚定不移推进中华民族伟大复兴历史进程。

好贯穿其中的立场、观点、方法。要紧密联系党和国家事业取得的历史性成就、发生的历史性变革，认清新时代新征程肩负的历史使命和重大责任，认清前进道路上的机遇和挑战，更加自觉运用习近平新时代中国特色社会主义思想指导实践、解决问题。不断在实践中总结新经验、形成新认识、取得新成果，在新的赶考伟大实践中不断开辟马克思主义中国化时代化新境界。

（三）更加坚定制度自信

习近平总书记指出，"中国特色社会主义制度所具有的显著优势，是抵御风险挑战、提高国家治理效能的根本保证"，"必须坚持完善和发展中国特色社会主义制度，不断发挥和增强我国制度优势"。新征程上进一步坚定制度自信，要全面加强党的领导，坚持守正创新，坚持科学社会主义基本原则，避免在根本性问题上出现颠覆性错误，坚持好、巩固好经过长期实践检验的我国国家制度和国家治理体系。坚持系统思维、辩证思维、底线思维，根据时与势不断完善和发展我国国家制度和国家治理体系，使各方面制度更加成熟更加定型，把制度优势转化为治理效能，进一步彰显中国特色社会主义制度的显著优势，让中国特色社会主义制度永葆生机活力，为国家长治久安、人民幸福安康提供更加坚强的制度保障。

（四）更加坚定文化自信

迈上新征程，进一步坚定文化自信，要一以贯之坚持走中国特色社会主义文化发展道路。要始终坚持马克思主义指导地位，坚守中华文化立场、传承中华文化基因，立足当代中国现实，大力发展面向现代化、面向世界、面向未来的，民族的科学的大众的社会主义文化。坚持创造性转化、创新性发展，不断铸就中华文化新辉煌。深化文化体制改革，加快完善文化管理体制和生产经营机制，不断提升文化治理效能。坚持把坚定文化自信和不断推进文化创新创造有机统一起来，在历史进步中实现文化进步。高扬思想旗帜、强化价值引领、激发奋斗精神，建设中华民族共有精神家园，推进文化铸魂，增强全民族的凝聚力、向心力、创造力，更好构筑中国精神、中国价值、中国力量，为中华民族伟大复兴聚合起坚守正道的定力、砥砺前行的动力、变革创新的活力。

新征程推进文化自信自强，进一步坚定文化自信

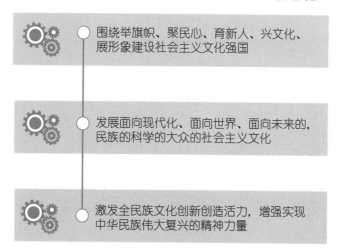

围绕举旗帜、聚民心、育新人、兴文化、展形象建设社会主义文化强国

发展面向现代化、面向世界、面向未来的，民族的科学的大众的社会主义文化

激发全民族文化创新创造活力，增强实现中华民族伟大复兴的精神力量

第六讲

自我革命贯始终

——关于全面从严治党

新时代取得历史性成就、实现历史性变革，关键在于党中央坚定不移推进全面从严治党，为全面建设社会主义现代化国家开好局、起好步提供了有力政治保障。十年磨一剑，党中央把全面从严治党纳入"四个全面"战略布局，以前所未有的勇气和定力推进党风廉政建设和反腐败斗争，刹住了一些长期没有刹住的歪风，纠治了一些多年未除的顽瘴痼疾，清除了党、国家、军队内部存在的严重隐患，管党治党宽松软状况得到根本扭转，找到了自我革命这一跳出治乱兴衰历史周期率的第二个答案。党的十八大以来，全面从严治党取得了历史性、开创性成就，产生了全方位、深层次影响，必须长期坚持、不断前进。因此，二十大党章增写了"党的自我革命永远在路上""不断健全党内法规体系"，要求"一体推进不敢腐、不能腐、不想腐"。

一、从严治党成就隆

党的十八大以来，以习近平同志为核心的党中央身体力行、率先垂范，贯彻新时代党的建设总要求，全面坚持和加强党的领导，以政治上的加强推动全面从严治党取得历史性成就、发生历史性变革，引领带动党的建设质量全面提高，重塑党的形象，赢得了党心民心，为党团结带领人民在中国特色社会主义道路上不可逆转地走向中华民族伟大复兴提供了坚强政治保证。

（一）取得"两个确立"重大政治成果，党的领导全面加强

党的十九届六中全会指出，党确立习近平同志党中央的核心、全党的核心地位，确立习近平新时代中国特色社会主义思想的指导地位，反映了全党全军全国各族人民共同心愿，对新时代党和国家事业发展、对推进中华民族伟大复兴历史进程具有决定性意义。这是党的十九届六中全会作出的重大政治论断，是深刻总结党的百年奋斗、深刻总结党的十八大以来的伟大实践得出的重大历史结论，是党的十八大以来最重要的政治成果。新时代十年的伟大变革决定性因素就在于有习近平同志作为党中央的核心、全党的核心，领航掌舵，在于有习近平新时代中国特色社会主义思想科学指引。习近平总书记对坚持和加强党的全面领导提出一系列新理念新思想新战略，为新时代坚持和加强党的全面领导提供了根本遵循。党中央完善坚定维护党中央权威和集中统一领导的各项制度，建立健全党中央对重大工作的领导体制，强化党中央决策议事协调机构职能作用，加强党对事关党和国家事业全局重大工作的集中统一领导。明确党的领导制度是国家的根本领导制度，完善党领导人大、政府、政协、监察机关、审判机关、检察机关、武装力量、人民团体、企事业单位、基层群众性自治组织、社会组织等制度，健全各级党委（党组）工作制度，确保党在各种组织中发挥领导作用，党的领导制度体系不断完善。健全完善党领导各项事业的具体制度，把党的领导落实到党和国家事业各领域各方面各环节。深化党和国家机构改革，完善党和国家机构职能体系，推动各方面协调行动、增强合力。健全维护党的集中统一的组织制度，完善上下贯通、执行有力的组织体系，实现党的组织和党的工作全覆盖。坚持民主集中制，提高党把方向、谋大局、定政策、促改革的能力，党的领导方式更加科学，党的执政能力和领导水平不断提高。经过艰苦努力，一个时期以来在坚持党的领导问题上存在的模糊认识得到有

力澄清，一些地方和部门党的领导弱化、虚化、淡化问题得到根本扭转，党的领导的政治优势充分发挥，党总揽全局、协调各方的领导核心作用充分彰显，党的政治领导力、思想引领力、群众组织力、社会号召力显著增强。

（二）坚持以党的政治建设为统领，党的政治能力不断提高

党的十八大以来，以习近平同志为核心的党中央站在统筹中华民族伟大复兴战略全局和世界百年未有之大变局的高度，创造性地提出加强党的政治建设的重大命题，作出党的政治建设是党的根本性建设的重大判断，从保持和发展马克思主义政党政治属性的高度深刻回答了新时代建设什么样的长期执政的马克思主义政党、怎样建设长期执政的马克思主义政党这一重大时代课题，以一系列原创性理论成果丰富和发展了马克思主义党建学说；在实践中，坚持把党的政治建设摆在首位，坚持以党的政治建设为统领，聚焦党的政治属性、政治使命、政治目标、政治追求持续发力，在把准政治方向、坚持党的领导、夯实政治根基、涵养政治生态、防范政治风险、永葆政治本色、提高政治能力等方面，推进党的政治建设不断取得新成就。突出政治

党的十八大以来，坚持和加强党的全面领导取得重大成果

政治成果	理论成果	制度成果	实践成果
主要体现为"两个确立"的决定性意义深入人心	主要体现为提出了关于党的全面领导的一系列新思想新观点新论断	主要体现为形成了一套比较完善的党的领导制度机制	主要体现为党的领导更加坚强有力

能力这个关键，发扬斗争精神，增强斗争本领，各级党组织和党员干部的政治判断力、政治领悟力、政治执行力不断提高。

（三）坚持用党的创新理论武装全党，全党理想信念更加坚定

进入新时代，我们党坚持思想建党、理论强党，推动全党深入学习贯彻习近平新时代中国特色社会主义思想，先后开展党的群众路线教育实践活动、"三严三实"专题教育、"两学一做"学习教育、"不忘初心、牢记使命"主题教育、党史学习教育等，用党的创新理论武装全党，教育引导广大党员干部特别是领导干部解决好世界观、人生观、价值观这个总开关问题，从思想上正本清源、固本培元，筑牢信仰之基、补足精神之钙、把稳思想之舵，保持共产党人政治本色，挺起共产党人的精神脊梁。党的十八大以来，全党理想信念、政治信仰更加坚定，思想上更加统一、政治上更加团结、行动上更加一致，凝聚起实现新时代党的历史使命的磅礴力量。

（四）密切党同人民群众血肉联系，党长期执政的政治根基进一步夯实

习近平总书记指出："江山就是人民，人民就是江山。"党的十八大以来，党中央紧扣民心这个最大的政治，坚持把人民对美好生活的向往作为奋斗目标，把赢得民心民意、汇聚民智民力作为着力点，坚持以人民为中心的发展思想，践行党的根本宗旨，贯彻党的群众路线，尊重人民主体地位。经过持续奋斗，党团结带领人民实现了第一个百年奋斗目标，在中华大地上全面建成了小康社会，历史性地解决了绝对贫困问题，创造了人类减贫史上的奇迹。坚持在发展中保障和改善民生，人民生活全方位改善，社会治理社会化、法治化、智能化、专业化水平大幅度提升，发展了人民安居乐业、社会安定有序的良好局面，续写了社会长期稳定奇迹，人民获得感、幸福感、安全感

显著增强。坚持党的领导、人民当家作主、依法治国有机统一，积极发展全过程人民民主，健全全面、广泛、有机衔接的人民当家作主制度体系，更好地体现人民意志、保障人民权益、激发人民创造活力。坚持全面从严治党从人民群众反映强烈的作风问题抓起，制定和落实中央八项规定，持之以恒正风肃纪，以钉钉子精神纠治"四风"，反对特权思想和特权现象，狠刹公款送礼、公款吃喝、公款旅游、奢侈浪费等不正之风，解决群众反映强烈、损害群众利益的突出问题，推进基层减负，倡导勤俭节约、反对铺张浪费，坚决整治群众身边的不正之风和腐败问题。经过艰苦努力，刹住了一些长期没有刹住的歪风，纠治了一些多年未除的顽瘴痼疾，党风政风和社会风气为之一新，党的基业永固、千秋长青的政治根基进一步夯实。

（五）贯彻新时代党的组织路线，严肃党内政治生活，党内政治生态根本好转

党的十八大以来，我们党提出和贯彻新时代党的组织路线，不断健全党的组织体系，以提升组织力为重点，提高了"纵向到底、横向到边"的执行力，干部队伍建设解决了"什么是好干部、怎样成长为好干部、怎样把好干部用起来"三大问题，党的组织在新时代革命性锻造中更加健康、更加纯洁，也更有活力。制定和严格执行《关于新形势下党内政治生活的若干准则》，着力增强党内政治生活的政治性、时代性、原则性、战斗性，坚决防止和反对个人主义、分散主义、自由主义、本位主义、好人主义等，党内政治生活的质量不断提高。发展积极健康的党内政治文化，坚持用中华优秀传统文化、革命文化、社会主义先进文化培根铸魂，用社会主义核心价值观引领文化建设，广泛开展中国特色社会主义和中国梦宣传教育，推动理想信念教育常态化制度化，大力弘扬伟大建党精神，传承红色基因，赓续党的红色血脉，厚植涵养良好政治生态的土壤。二十大党章总结党的建设新的

新时代党的组织路线

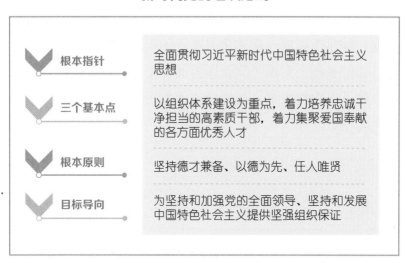

根本指针	全面贯彻习近平新时代中国特色社会主义思想
三个基本点	以组织体系建设为重点，着力培养忠诚干净担当的高素质干部，着力集聚爱国奉献的各方面优秀人才
根本原则	坚持德才兼备、以德为先、任人唯贤
目标导向	为坚持和加强党的全面领导、坚持和发展中国特色社会主义提供坚强组织保证

经验，将党的建设基本要求从五项扩展为六项，增写"坚持新时代党的组织路线"的内容，表述为："第三，坚持新时代党的组织路线。全面贯彻习近平新时代中国特色社会主义思想，以组织体系建设为重点，着力培养忠诚干净担当的高素质干部，着力集聚爱国奉献的各方面优秀人才，坚持德才兼备、以德为先、任人唯贤，为坚持和加强党的全面领导、坚持和发展中国特色社会主义提供坚强组织保证。全党必须增强党组织的政治功能和组织功能，培养选拔党和人民需要的好干部，培养和造就大批堪当时代重任的社会主义事业接班人，聚天下英才而用之，从组织上保证党的基本理论、基本路线、基本方略的贯彻落实。"

（六）以钉钉子精神纠治"四风"，强力反腐，党的纪律建设取得新成效

以钉钉子精神纠治"四风"，刹住了一些长期没有刹住的歪风，纠治了一些多年未除的顽瘴痼疾。开展了史无前例的反腐败斗争，以"得罪千百人、不负十四亿"的使命担当祛疴治乱，"打虎""拍

蝇""猎狐"多管齐下，反腐败斗争取得压倒性胜利并全面巩固，消除了党、国家、军队内部存在的严重隐患。高度重视加强和改进党的作风建设，构建作风建设常态化制度化体系。加强党的纪律建设在继承历史传统的基础上实现了突破性进展，无论在思想认识还是实践举措上都取得了标志性成果，与党的其他方面建设相辅相成，成为全面从严治党的亮点。

数说十年反腐——反腐败斗争取得压倒性胜利并全面巩固

加强了党中央对反腐败工作的集中统一领导

中央纪委和改革后组建的国家监察委员会合署办公，实现了反腐败领导体制的重塑、组织机构的重塑、工作力量的重塑、责任体系的重塑、执纪执法机制的重塑

腐败蔓延势头得到坚决遏制

党的十九大以来，截至 2022 年 10 月

纪检监察机关查处涉嫌贪污贿赂犯罪 **7.4 万**多人，其中首次贪腐行为发生在党的十八大前的占 **48%**，首次贪腐行为发生在党的十九大后的占 **11%**，这表明不收敛不收手的问题得到有力遏制，减存量遏增量有力有效

首次贪腐行为发生在党的十八大前的占**48%**

首次贪腐行为发生在党的十九大后的占**11%**

共有 **8 万**多人向纪检监察机关主动投案信访举报量连续四年下降
2021 年比 2018 年下降了 **29.9%**

下降 29.9%

2018年　2021年

严厉整治群众身边的"蝇贪"

党的十八大以来，截至 2022 年 10 月

全国纪检监察机关总共查处涉及教育、医疗、养老、社保、执法、司法和民生领域的腐败和作风问题 **65 万**多件

65 万多件

数据来源：新华网

（七）党的制度建设取得显著成就，开辟新时代依规治党新境界

党的十八大以来，习近平总书记对党内法规制度建设高度重视，围绕制度治党、依规治党作出一系列重要论述，科学回答了党内法规制度建设"是什么""为什么""怎么干"等一系列重大问题，丰富和发展了马克思主义建党学说。党的制度建设不断深化发展，以形成强大舆论导向和尊崇氛围、搭建起四梁八柱完备体系架构、助力全面从严治党发挥重大作用、重在务实管用并切实得到贯彻执行为标志，新时代党的制度建设取得显著成就。党的十八届三中全会提出，紧紧围绕提高科学执政、民主执政、依法执政水平深化党的建设制度改革。党的十八届四中全会把形成完善的党内法规体系确立为建设中国特色社会主义法治体系的重要内容，对加强党内法规制度建设作出明确部署。党的十八届五中全会强调，运用法治思维和法治方式推动发展，全面提高党依据宪法法律治国理政、依据党内法规管党治党的能力和水平。2016 年 12 月，党的历史上第一次全国党内法规工作会议召开，会议深入贯彻落实党中央决策部署和习近平总书记关于党内法规制度建设重要指示精神。党的十九大明确提出，坚持依法治国和依规治党有机统一，加快形成覆盖党的领导和党的建设各方面的党内法规制度体系。党的十九届四中全会强调，健全总揽全局、协调各方的党的领导制度体系，加快形成完善的党内法规体系。2020 年 11 月，中央全面依法治国工作会议强调，坚持党对全面依法治国的领导，健全党领导全面依法治国的制度和工作机制，建设中国特色社会主义法治体系，形成完善的党内法规体系。2021 年 7 月 1 日，习近平总书记在庆祝中国共产党成立 100 周年大会上宣告，我们党已经"形成比较完善的党内法规体系"。广大党员干部尊规学规守规用规意识明显增强，党内法规制度优势较好转化为党管党治党、治国理政的治理效能。党内法规，成为"中国之治"的一个独特治理密码，成为彰显中国特色

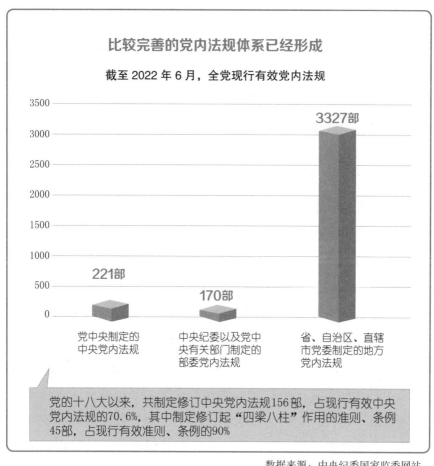

比较完善的党内法规体系已经形成

截至 2022 年 6 月，全党现行有效党内法规

- 党中央制定的中央党内法规　221部
- 中央纪委以及党中央有关部门制定的部委党内法规　170部
- 省、自治区、直辖市党委制定的地方党内法规　3327部

党的十八大以来，共制定修订中央党内法规156部，占现行有效中央党内法规的70.6%，其中制定修订起"四梁八柱"作用的准则、条例45部，占现行有效准则、条例的90%

数据来源：中央纪委国家监委网站

社会主义制度优势的一张金色名片。

党的十八大以来一系列关于加强党内法规制度建设的决策部署，立足实际、着眼长远，环环相扣、梯次推进，推进力度之大、建章立制之多、执规执纪之严、社会反响之好，在中国共产党百年制度建设史上前所未有，彰显了党中央对加强党内法规制度建设的高度重视，对党的建设规律的深刻洞见，对全面推进制度治党、依规治党的坚定决心，谱写了新时代党内法规制度建设的伟大乐章。

习近平（中共中央总书记、国家主席、中央军委主席）：全面建设社会主义现代化国家、全面推进中华民族伟大复兴，关键在党。我们党作为世界上最大的马克思主义执政党，要始终赢得人民拥护、巩固长期执政地位，必须时刻保持解决大党独有难题的清醒和坚定。经过十八大以来全面从严治党，我们解决了党内许多突出问题，但党面临的执政考验、改革开放考验、市场经济考验、外部环境考验将长期存在，精神懈怠危险、能力不足危险、脱离群众危险、消极腐败危险将长期存在。全党必须牢记，全面从严治党永远在路上，党的自我革命永远在路上，决不能有松劲歇脚、疲劳厌战的情绪，必须持之以恒推进全面从严治党，深入推进新时代党的建设新的伟大工程，以党的自我革命引领社会革命。

二、百年奋斗经验丰

党的十八大以来，我们继承和发展马克思主义建党学说，总结运用党的百年奋斗历史经验，深入推进管党治党实践创新、理论创新、制度创新，对建设什么样的长期执政的马克思主义政党、怎样建设长期执政的马克思主义政党的规律性认识达到新的高度，是新时代新征程全面从严治党的重要遵循。

（一）始终坚持和加强党的全面领导，把党建设成为伟大事业的领导核心

历史和人民选择中国共产党的领导是正确的，必须长期坚持、永不动摇。100多年来，我们党把党的领导和党的建设紧密地结合在一起，内在地统一于党领导的伟大事业，既紧密结合党的领导抓好党的建设，又抓好党的建设保障党的领导。在革命、建设、改革的各个历史时期，党围绕坚持和加强党的领导，接续推进党的建设伟大工程和新的伟大工程，既着重从政治上、思想上建设党，又重视从组织上、作风上、纪律上、制度上建设党，始终坚持开展反腐败斗争，保证了党的先进性和纯洁性，确保了党始终成为伟大事业的领导核心。

（二）始终坚持党的政治建设，紧紧围绕党的基本路线加强党的建设

党的基本路线是制定各项具体方针政策的基本依据，规定了党在一定历史时期的中心任务，是统一全党思想和行动的政治基础。注重政治建设是我们党的优良传统和重要优势，我们党始终高度重视自身政治建设。党的十八大以来，以习近平同志为核心的党中央把党的政治建设作为根本性建设，形成了以政治建设为统领的党建工作新格局，把党的政治建设融入党和国家重大决策部署制定和落实的全过程，做到了党的政治建设与中心工作紧密结合、相互促进。

（三）始终重视从思想上建党，以马克思主义中国化时代化最新成果武装全党

注重思想建党、理论强党，是我们党的鲜明特色和光荣传统。我们党始终坚持把坚定理想信念作为党的思想建设的首要任务，教育引导全党牢记党的宗旨和初心使命，挺起共产党人的精神脊梁，解决好世界观、人生观、价值观这个总开关问题；始终坚持用马克思主义中

国化时代化最新成果统一思想、统一意志、统一行动；始终坚持马克思主义在意识形态领域的指导地位，凝心聚力、团结一切可以团结的力量，为实现新时代党的历史使命不懈奋斗。

（四）始终坚持党的正确组织路线，不断推进党的组织建设

党的力量来自组织，我们党遵循马克思主义政党建设的基本原理，按照民主集中制原则把党建成一个具有统一意志和统一行动的统一整体，形成包括党的中央组织、地方组织和基层组织在内的严密组织体系。党始终重视通过抓好组织体系建设，不断增强党的政治领导力、思想引领力、群众组织力、社会号召力，把党员组织起来、把人才凝聚起来、把群众动员起来，为实现党的奋斗目标不懈努力。党始终重视抓基层打基础，发挥党的基层组织的战斗堡垒作用，不断健全基层组织体系、优化组织设置、创新活动方式，扩大基层党的组织覆盖和工作覆盖，发挥基层组织紧密联系群众的作用，使党的各项方针政策落到实处。

2018年以来，我们党着力推动新时代党的组织路线贯彻落实

1 坚持和加强党的全面领导

党的领导核心作用显著增强

2 坚持用党的创新理论凝心铸魂

党的创新理论武装进一步走深走实

3 完善上下贯通、执行有力的组织体系

在脱贫攻坚、乡村振兴、疫情防控等大战大考中，基层党组织战斗堡垒作用和党员先锋模范作用充分彰显

4 建设高素质专业化干部队伍

锻造了政治过硬、适应新时代要求、具备领导现代化建设能力的干部队伍

5 深入实施新时代人才强国战略

推动新时代人才工作创新突破

6 坚持制度治党、依规治党

党的建设科学化制度化规范化水平进一步提高

（五）始终保持党和人民群众血肉联系，不断加强党风廉政建设

坚持党的群众路线，重视群众工作，密切联系群众，是马克思主义政党区别于其他政党的显著标志，是我们党的最大政治优势。我们党始终坚持一切为了人民、一切依靠人民，充分调动和发挥广大人民群众的积极性、主动性、创造性。始终保持党和人民群众血肉联系，成为党战胜一切困难和风险的根本保证。党的十八大以来，我们党始终紧紧围绕密切联系群众这条主线，不断加强和改进党的作风，传承优良传统作风，创新时代风尚，驰而不息纠治不正之风，以优良的党风带政风促民风，在全党全社会营造风清气正的良好政治生态。

（六）始终坚持用铁的纪律管党治党，使党成为具有统一意志、统一行动的先锋队组织

纪律严明是党的优良传统和独特的政治优势。毛泽东指出，路线是"王道"，纪律是"霸道"。党注重根据所处历史阶段的社会特点制定相应的路线方针政策，并以严明的纪律保障完成党的历史使命与具体任务。党的十八大以来，我们党坚持把政治纪律和政治规矩放在首位，把执行政治纪律作为执行其他纪律的根本指引，要求全党严守党的政治纪律，自觉服从党中央领导，确保全党做到统一意志、统一行动、步调一致；坚持完善纪律规范，推动全面从严管党治党的制度笼子越扎越紧；坚持加强纪律教育，增强党员干部遵守纪律的自觉性；坚持从严执纪，切实维护党的纪律的严肃性、权威性和平等性，真正做到统一全党的意志和行动，确保了党的先进性和纯洁性，提高了党的凝聚力和战斗力。

（七）始终坚持旗帜鲜明地反对腐败，永葆共产党人清正廉洁的政治本色

坚决反对腐败，建设廉洁政治，保持党的肌体健康，始终是我们

党的鲜明政治立场。党的十八大以来，针对反腐败斗争的长期性、复杂性、艰巨性，我们党对腐败问题保持着强烈的忧患意识、危机意识、清醒意识，以反腐败斗争永远在路上的坚韧和执着，坚持无禁区、全覆盖、零容忍、重遏制、强高压、长震慑，一体推进不敢腐、不能腐、不想腐，保证了干部清正、政府清廉、政治清明，保持了共产党人清正廉洁的政治本色。

（八）始终坚持以党章为根本、以民主集中制为核心的制度建设，不断推进党建工作科学化、制度化、规范化

我们党高度重视以党章为根本依据推进制度建设，把党章作为党的根本大法，作为全党意志的集中体现，作为制定党内其他法规和制度的依据和基础，并在长期实践中不断把党章的各项规定具体化、明确化，提高了制度的科学性、系统性和权威性。党在制度建设中始终注重随着形势的变化，不断改革和完善党的制度安排，逐步形成了以党章为根本遵循、以民主集中制为核心的党内法规制度体系，有效提升了党建工作的科学化、制度化、规范化水平。

（九）始终坚持以自我革命精神从严管党治党，以伟大自我革命推进伟大社会革命

勇于自我革命，既是我们党最鲜明的品格，也是我们党最大的优势。中国共产党之所以历经百年风雨考验而历久弥坚、不断创造丰功伟绩，根本原因就在于党敢于并善于以伟大自我革命推进伟大社会革命。100多年来，我们党始终以自我革命精神关注并解决管党治党中存在的突出问题，通过自我革命实现党的革命性锻造，以自我革命的行动回答"窑洞之问"，跳出历史周期率。党的十八大以来的全面从严治党，是百年党建史上具有重大转折意义的伟大自我革命。从党的自身建设维度来看，百年党史就是一部敢于刀刃向内、敢于刮骨疗

问：二十大党章增写"党的自我革命永远在路上"的内容有什么重要意义？

答：二十大党章增写"党的自我革命永远在路上的"内容的意义主要体现在三个方面：一是彰显了我们党作为马克思主义政党的政治本色，展现了我们党最鲜明的品格和独特优势。二是揭示了保持党的先进性和纯洁性、提高党长期执政能力和领导水平的根本途径。三是有利于促进党员干部激发自我革命意识、增强勇于自我改造的自觉性和坚定性。

毒、敢于壮士断腕的自我革命史，就是通过不断练就"打铁必须自身硬"的真功夫以永葆党的生机活力的自我革命史。我们要兴党强党、建设世界上最强大的党，必须始终坚持以勇于自我革命的精神锻造自己，坚持以伟大自我革命引领伟大社会革命，推动实现党和国家兴旺发达、长治久安。

三、"窑洞之问"新答案

2021年11月，习近平总书记在党的十九届六中全会上对跳出治乱兴衰历史周期率作出新的解答：毛泽东同志在延安的窑洞里给出了第一个答案，这就是只有让人民来监督政府，政府才不敢松懈。经过百年奋斗特别是党的十八大以来新的实践，我们党又给出了第二个答案，这就是自我革命。全面从严治党是新时代党的自我革命的伟大实践，开辟了百年大党自我革命的新境界。因此，二十大党章增写了

自我革命是我们党找到的跳出治乱兴衰历史周期率的第二个答案

 1945 年，毛泽东在延安窑洞里给出了跳出治乱兴衰历史周期率的第一个答案：只有让人民来监督政府，政府才不敢松懈

 经过百年奋斗特别是党的十八大以来新的实践，我们党找到了跳出治乱兴衰历史周期率的第二个答案：自我革命

"以伟大自我革命引领伟大社会革命"。坚定不移推进党的伟大自我革命，确保党在新时代坚持和发展中国特色社会主义的历史进程中始终成为坚强领导核心，更好带领人民实现中华民族伟大复兴历史使命，具有重大而深远的意义。

（一）强化政治引领，坚守自我革命根本政治方向

加强党的政治建设，确保党的领导始终坚强有力，确保党中央权威和集中统一领导，是推进自我革命的首要任务。习近平总书记强调："旗帜鲜明讲政治、保证党的团结和集中统一是党的生命，也是我们党能成为百年大党、创造世纪伟业的关键所在。"党的十八大以来，党中央深刻洞察到，党内存在的所有问题本质上都是政治问题，全面从严治党首先要从政治上看，把"两个维护"作为最高政治原则和根本政治规矩，完善党领导人大、政府、政协、监察机关、审判机关、检察机关、武装力量、人民团体、企事业单位、基层群众性自治组织、社会组织等制度，确保党在各种组织中发挥领导作用。坚持和完善民主集中制，健全党中央对重大工作的领导体制，完善推动党中央重大决策部署落实机制，严格执行向党中央请示报告制度。强化政治监督，紧盯"国之大者"，聚焦把握新发展阶段、贯彻新发展理念、

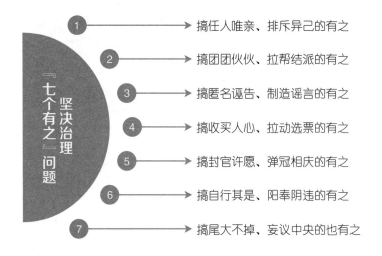

搞任人唯亲、排斥异己的有之

搞团团伙伙、拉帮结派的有之

搞匿名诬告、制造谣言的有之

搞收买人心、拉动选票的有之

搞封官许愿、弹冠相庆的有之

搞自行其是、阳奉阴违的有之

搞尾大不掉、妄议中央的也有之

构建新发展格局、推动高质量发展，加强对"十四五"重大战略任务落实情况的监督，纠正政治偏差，以精准有力的政治监督确保党中央大政方针和决策部署的贯彻落实。严明政治纪律和政治规矩，严肃查处公开发表违背党中央精神的言论和有令不行、有禁不止的行为，坚决治理"七个有之"问题，坚决清除阳奉阴违的"两面人"，深挖彻查政治问题与经济问题交织、资本无序扩张与权力越轨泛滥勾连的腐败案件，消除重大政治隐患。

（二）强化理论武装，淬炼自我革命锐利思想武器

思想建设是党的光荣传统和经验传承，是清除一切损害党的先进性和纯洁性因素的重要思想武器，是我们党能够推进自我革命的精神源泉。理想信念是共产党人精神上的"钙"，共产党人如果没有理想信念，理想信念不坚定，精神上就会"缺钙"，就会得"软骨病"，必然导致政治上变质、经济上贪婪、道德上堕落、生活上腐化。习近平总书记强调："理论修养是干部综合素质的核心，理论上的成熟是政治上成熟的基础，政治上的坚定源于理论上的清醒。"党的十八大以来，党中央坚持用马克思主义中国化时代化最新成果武装全党、教育

人民，用"革命理想高于天"的信仰强基固本、凝心铸魂，为全面从严治党筑牢理论根基、提供精神滋养。全党上下深入学习宣传贯彻习近平新时代中国特色社会主义思想，编辑出版《习近平谈治国理政》第一至第四卷，《习近平新时代中国特色社会主义思想学习纲要》《习近平新时代中国特色社会主义思想学习问答》等辅导读本，持续兴起学习贯彻热潮。各级党组织和党员干部认真读原著、学原文、悟原理，坚持学思用贯通、知信行统一，全面系统学、深入思考学、联系实际学，增进对党的创新理论的政治认同、思想认同、理论认同、情感认同。党中央先后组织开展党的群众路线教育实践活动、"三严三实"专题教育、"两学一做"学习教育、"不忘初心、牢记使命"主题教育和党史学习教育，印发《关于推动党史学习教育常态化长效化的意见》，教育引导党员干部筑牢信仰之基、补足精神之钙、把稳思想之舵，始终保持共产党人政治本色。印发《中国共产党廉洁自律准则》和《关于加强新时代廉洁文化建设的意见》，利用违纪违法党员干部忏悔录加强警示教育，引导党员干部严于律己、廉洁治家。坚持党管宣传、党管意识形态、党管媒体，旗帜鲜明开展意识形态领域的斗争，着力解决意识形态领域党的领导弱化问题，健全意识形态工作责任制，制定《中国共产党宣传工作条例》《党委（党组）意识形态工作责任制实施办法》等，以党内法规形式明确各级党委（党组）的政治责任。

（三）强化纪律和作风约束，丰富自我革命有效途径

党的作风是党的初心使命、性质宗旨的集中体现，铁的纪律是保持党的先进性和纯洁性的根本保障，严明纪律、整饬作风是推进自我革命的必由之路。习近平总书记强调："加强纪律建设是全面从严治党的治本之策。""党的作风是党的形象，是观察党群干群关系、人心向背的晴雨表。"党的十八大以来，全面从严治党从中央政治局立规

矩开始，从落实中央八项规定精神破题，以纪律建设、作风建设开启全面从严治党新篇章。党中央把纪律建设作为全面从严治党的治本之策，2015年、2018年两次修订《中国共产党纪律处分条例》，坚持纪严于法、纪在法前，把纪律和规矩挺在前面，探索实践监督执纪"四种形态"，把严明政治纪律和组织纪律作为纪律建设的重点工作，带动各项纪律全面严起来，将纪律约束管在实处、深入人心。以习近平同志为核心的党中央以身作则、率先垂范，始终带头严格执行中央八项规定及其实施细则，给全党树立了典范。从解决公款大吃大喝，公款购买赠送月饼贺卡、烟花爆竹等具体问题入手，一个毛病一个毛病纠治，一个问题一个问题解决，一年接着一年坚守，严查以培训考察为名的公款旅游、私车公养、违规发放津补贴、违规收送礼品礼金、吃下级吃老板等隐形变异问题，深化整治领导干部利用名贵特产类特殊资源谋取私利问题，以具体问题的突破带动作风整体转变。坚持风腐同查，既深挖"四风"背后的腐败问题，又彻查腐败背后的"四

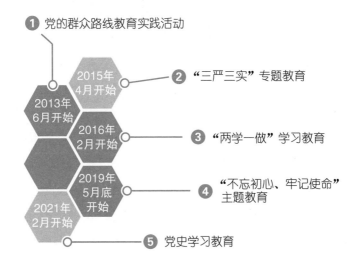

风"问题，重点关注"四风"隐形变异、改头换面的新动向，紧盯享乐主义和奢靡之风，坚决防止反弹回潮。从讲政治的高度审视形式主义、官僚主义，深入查找解决政绩观扭曲、发展观偏差、治理能力不足导致的形式主义、官僚主义问题。坚持纠树并举，在全党全社会弘扬谦虚谨慎、艰苦奋斗等优良作风，涵养求真务实、清正廉洁的新风正气。

（四）强化反腐利剑，打好自我革命攻坚战、持久战

腐败是最容易颠覆政权的问题，反腐败事关党和国家生死存亡、事关社会主义事业兴衰成败，是最彻底的自我革命，也是新时代进行的伟大斗争中的关键一役。纵观当今世界，没有其他哪个政党能够像中国共产党这样大规模、大力度、坚持不懈惩治腐败。习近平总书记强调："我们党作为百年大党，要永葆先进性和纯洁性、永葆生机活力，必须一刻不停推进党风廉政建设和反腐败斗争。"党的十八大以来，党中央坚持对反腐败工作集中统一领导，健全党领导反腐败斗争的责任体系，坚持不敢腐、不能腐、不想腐一体推进，实现惩治震慑、制度约束、提高觉悟一体发力。坚持无禁区、全覆盖、零容忍，坚持重遏制、强高压、长震慑，坚持受贿行贿一起查，坚持有案必查、有腐必惩，"打虎""拍蝇""猎狐"多管齐下，坚决打赢反腐败这场输不起也决不能输的斗争。坚决整治群众身边的腐败和作风问题，教育、医疗、养老、社保等领域的腐败和作风问题得到持续纠治，民生领域损害群众利益问题的治理机制不断完善。坚持把正风肃纪反腐与深化改革、完善制度、促进治理、推动发展贯通起来，不断健全以案促改常态化机制，不敢腐、不能腐、不想腐一体推进取得更多制度性成果和更大治理成效。深入开展国际追逃追赃，反腐败国际合作在理论创新、机制建设、实践探索、全球治理等各个层面取得重要突破，对内推动惩治腐败形成有效"闭环"，极大提振党心民心，

对外成为构建人类命运共同体的重要内容，牢牢占据国际道义制高点，为国际社会反腐败贡献了中国智慧、中国方案、中国力量。

（五）强化党组织政治功能和组织力凝聚力，夯实自我革命的组织基础

党是由每一个党组织和每一名党员构成的，每个党组织、每名党员都要与弱化党的先进性、损害党的纯洁性的现象作坚决斗争，强化组织功能、锻造干部队伍是推进自我革命的组织基础。作为一个拥有9600多万名党员、490多万个基层组织的百年大党，只有形成上下贯通、执行有力的严密组织体系，党的领导才能"如身使臂、如臂使指"。习近平总书记强调："党的力量来自组织。党的全面领导、党的全部工作要靠党的坚强组织体系去实现。"党的十八大以来，党中央提出和贯彻新时代党的组织路线，明确新时代好干部标准，突出政治素质要求、树立正确用人导向，坚持德才兼备、以德为先，坚持五湖四海、任人唯贤，坚持事业为上、公道正派，强化党组织领导和把关作用，纠正选人用人上的不正之风。不断健全党的组织体系，以提升组织力为重点，先后制定、修订《中国共产党地方委员会工作条例》《中国共产党工作机关条例（试行）》《中国共产党支部工作条例（试行）》《中国共产党党组工作条例》等一系列组织建设方面的党内法规。建立健全管思想、管工作、管作风、管纪律的从严管理体系，部署推动规范领导干部配偶、子女及其配偶经商办企业行为工作，不断完善领导干部报告个人事项制度，规范权力运行，防范廉政风险。建立健全干部激励保护机制，坚持"三个区分开来"，落实政治上激励、工作上支持、待遇上保障、心理上关怀的具体措施，印发《推进领导干部能上能下规定》，推动形成能者上、优者奖、庸者下、劣者汰的正确导向。

（六）强化制度体系，为推进伟大自我革命提供有力保障

中国共产党全面领导、长期执政的最大挑战是对权力的监督，加强自我监督是党进行自我革命的内在要求，健全党和国家监督体系是推进自我革命的重要制度保障。习近平总书记强调，自我监督是世界性难题，是国家治理的"哥德巴赫猜想"。我们要通过行动回答"窑洞之问"，练就中国共产党人自我净化的"绝世武功"。党的十八大以来，我们党在制度、改革两个方面着力，形成了一整套自我净化、自我完善、自我革新、自我提高的制度规范体系，保证全面从严治党实践成果制度化、制度规范实践化。

增强"四自能力"

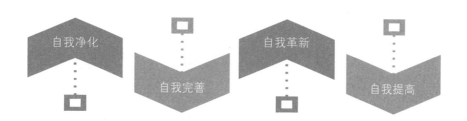

党中央以党的纪律检查体制改革统领牵引、出招破局，以监察体制改革创制突破、提升效能，以纪检监察机构改革配套保障、协同推动，取得了重大阶段性成效。从全局和战略高度加强监督体系顶层设计，坚持以党内监督为主导，发挥纪委监委监督协助引导推动功能，发挥巡视利剑和派驻"探头"作用，构建各类监督贯通协调体制机制，探索纪检监察监督与审计、财会、统计等监督深化贯通协同的有效路径，形成了科学完备、运行有序、合理有效的监督体系。坚持制度治党、依规治党，把党内法规体系建设纳入中国特色社会主义法治体系建设，实现依法治国与制度治党、依规治党统筹推进、一体建设。

四、兴党强党护航程

二十大党章提出，以改革创新精神全面推进党的建设新的伟大工程。全面从严治党永远在路上，党的自我革命永远在路上。我们要落实新时代党的建设总要求，健全全面从严治党体系，全面推进党的自我净化、自我完善、自我革新、自我提高，使我们党坚守初心使命，始终成为中国特色社会主义事业的坚强领导核心。

（一）坚持和加强党中央集中统一领导

党的领导是全面的、系统的、整体的，必须全面、系统、整体加

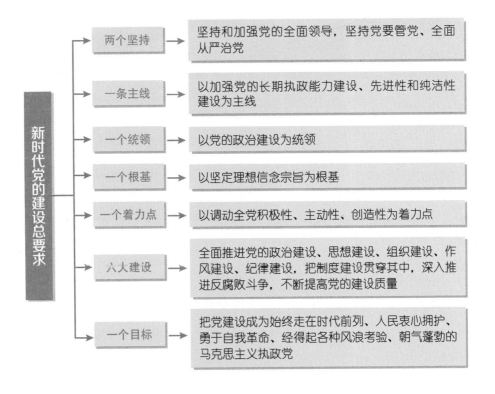

以落实。健全党总揽全局、协调各方的领导制度体系，完善党中央重大决策部署落实机制，确保全党在政治立场、政治方向、政治原则、政治道路上同党中央保持高度一致，确保党的团结统一。完善党中央决策议事协调机构，加强党中央对重大工作的集中统一领导。加强党的政治建设，严明政治纪律和政治规矩，落实各级党委（党组）主体责任，提高各级党组织和党员干部政治判断力、政治领悟力、政治执行力。坚持科学执政、民主执政、依法执政，贯彻民主集中制，创新和改进领导方式，提高党把方向、谋大局、定政策、促改革能力，调动各方面积极性。增强党内政治生活政治性、时代性、原则性、战斗性，用好批评和自我批评武器，持续净化党内政治生态。

（二）坚持不懈用习近平新时代中国特色社会主义思想凝心铸魂

用党的创新理论武装全党是党的思想建设的根本任务。全面加强党的思想建设，坚持用习近平新时代中国特色社会主义思想统一思想、统一意志、统一行动，组织实施党的创新理论学习教育计划，建设马克思主义学习型政党。加强理想信念教育，引导全党牢记党的宗旨，解决好世界观、人生观、价值观这个总开关问题，自觉做共产主义远大理想和中国特色社会主义共同理想的坚定信仰者和忠实实践者。坚持学思用贯通、知信行统一，把习近平新时代中国特色社会主义思想转化为坚定理想、锤炼党性和指导实践、推动工作的强大力量。坚持理论武装同常态化长效化开展党史学习教育相结合，引导党员、干部不断学史明理、学史增信、学史崇德、学史力行，传承红色基因，赓续红色血脉。以县处级以上领导干部为重点在全党深入开展主题教育。

（三）完善党的自我革命制度规范体系

坚持制度治党、依规治党，以党章为根本，以民主集中制为核心，完善党内法规制度体系，增强党内法规权威性和执行力，形成坚持真理、修正错误，发现问题、纠正偏差的机制。健全党统一领导、全面覆盖、权威高效的监督体系，完善权力监督制约机制，以党内监督为主导，促进各类监督贯通协调，让权力在阳光下运行。推进政治监督具体化、精准化、常态化，增强对"一把手"和领导班子监督实效。发挥政治巡视利剑作用，加强巡视整改和成果运用。落实全面从严治党政治责任，用好问责利器。

（四）建设堪当民族复兴重任的高素质干部队伍

全面建设社会主义现代化国家，必须有一支政治过硬、适应新时代要求、具备领导现代化建设能力的干部队伍。坚持党管干部原则，坚持德才兼备、以德为先、五湖四海、任人唯贤，把新时代好干部标准落到实处。树立选人用人正确导向，选拔忠诚干净担当的高素质专业化干部，选优配强各级领导班子。坚持把政治标准放在首位，做深做实干部政治素质考察，突出把好政治关、廉洁关。加强实践锻炼、专业训练，注重在重大斗争中磨砺干部，增强干部推动高质量发展本领、服务群众本领、防范化解风险本领。加强干部斗争精神和斗争本领养成，着力增强防风险、迎挑战、抗打压能力，带头担当作为，做到平常时候看得出来、关键时刻站得出来、危难关头豁得出来。完善干部考核评价体系，引导干部树立和践行正确政绩观，推动干部能上能下、能进能出，形成能者上、优者奖、庸者下、劣者汰的良好局面。抓好后继有人这个根本大计，健全培养选拔优秀年轻干部常态化工作机制，把到基层和艰苦地区锻炼成长作为年轻干部培养的重要途径。重视女干部培养选拔工作，发挥女干部重要作用。重视培养和用好少数民族干部，统筹做好党外干部工作。做好离退休干部工作。加强和改进公务员工作，优化机构编制资源配置。坚持严管和厚爱相结合，加强对干部全方位管理和经常性监督，落实"三个区分开来"，激励干部敢于担当、积极作为。关心关爱基层干部特别是条件艰苦地区干部。

　　"三个区分开来"是习近平总书记提出的重要论断。2016年1月18日，习近平总书记在省部级主要领导干部学习贯彻党的十八届五中全会精神专题研讨班上的讲话中指出，"要把干部在推进改革中因缺乏经验、先行先试出现的失误和错误，同明知故犯的违纪违法行为区分开来；把上级尚无明确限制的探索性试验中的失误和错误，同上级明令禁止后依然我行我素的违纪违法行为区分开来；把为推动发展的无意过失，同为谋取私利的违纪违法行为区分开来"。习近平总书记提出的"三个区分开来"重要论断，给作风正派、锐意进取的干部吃了定心丸，对于扭转干部队伍中存在的"为官不为"的现象，大力弘扬实干之风起到了重要作用。

　　（摘编自《新时代要有新担当新作为——学习习近平总书记关于"三个区分开来"的重要要求》，《经济日报》2018年7月19日，作者：王东京）

（五）增强党组织政治功能和组织功能

　　严密的组织体系是党的优势所在、力量所在。各级党组织要履行党章赋予的各项职责，把党的路线方针政策和党中央决策部署贯彻落实好，把各领域广大群众组织凝聚好。坚持大抓基层的鲜明导向，抓党建促乡村振兴，加强城市社区党建工作，推进以党建引领基层治理，持续整顿软弱涣散基层党组织，把基层党组织建设成为有效实现党的领导的坚强战斗堡垒。全面提高机关党建质量，推进事业单位党建工作。推进国有企业、金融企业在完善公司治理中加强党的领导，加强混合所有制企业、非公有制企业党建工作，理顺行业协会、学会、商会党建工作管理体制。加强新经济组织、新社会组织、新就业群体党的建设。注重从青年和产业工人、农民、知识分子中发展党员，加强和改进党员特别是流动党员教育管理。落实党内民主制度，保障党员权利，激励党员发挥先锋模范作用。严肃稳妥处置不合格党员，保持党员队伍先进性和纯洁性。

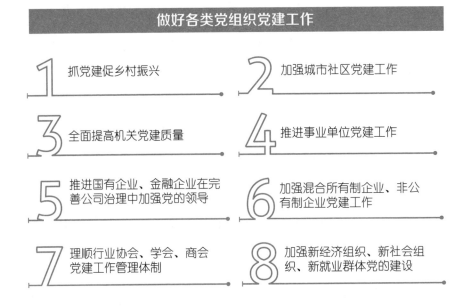

做好各类党组织党建工作

1 抓党建促乡村振兴

2 加强城市社区党建工作

3 全面提高机关党建质量

4 推进事业单位党建工作

5 推进国有企业、金融企业在完善公司治理中加强党的领导

6 加强混合所有制企业、非公有制企业党建工作

7 理顺行业协会、学会、商会党建工作管理体制

8 加强新经济组织、新社会组织、新就业群体党的建设

（六）坚持以严的基调强化正风肃纪

党风问题关系执政党的生死存亡。弘扬党的光荣传统和优良作风，促进党员干部特别是领导干部带头深入调查研究，扑下身子干实事、谋实招、求实效。锲而不舍落实中央八项规定精神，抓住"关键少数"以上率下，持续深化纠治"四风"，重点纠治形式主义、官僚主义，坚决破除特权思想和特权行为。把握作风建设地区性、行业

性、阶段性特点，抓住普遍发生、反复出现的问题深化整治，推进作风建设常态化长效化。全面加强党的纪律建设，督促领导干部特别是高级干部严于律己、严负其责、严管所辖，对违反党纪的问题，发现一起坚决查处一起。坚持党性党风党纪一起抓，从思想上固本培元，提高党性觉悟，增强拒腐防变能力，涵养富贵不能淫、贫贱不能移、威武不能屈的浩然正气。

（七）坚决打赢反腐败斗争攻坚战持久战

腐败是危害党的生命力和战斗力的最大毒瘤，反腐败是最彻底的自我革命。只要存在腐败问题产生的土壤和条件，反腐败斗争就一刻不能停，必须永远吹冲锋号。坚持不敢腐、不能腐、不想腐一体推进，同时发力、同向发力、综合发力。以零容忍态度反腐惩恶，更加有力遏制增量，更加有效清除存量，坚决查处政治问题和经济问题交织的腐败，坚决防止领导干部成为利益集团和权势团体的代言人、代理人，坚决治理政商勾连破坏政治生态和经济发展环境问题，决不姑息。深化整治权力集中、资金密集、资源富集领域的腐败，坚决惩治群众身边的"蝇贪"，严肃查处领导干部配偶、子女及其配偶等亲属

 权威评论

肖培（中央纪委副书记、国家监委副主任）：只要存在腐败问题产生的土壤和条件，反腐败斗争就一刻不能停，必须永远吹冲锋号。反腐败只能进、不能退，要坚决打赢反腐败斗争攻坚战持久战，不敢腐、不能腐、不想腐一体推进，健全防止腐败滋生蔓延的体制机制，使严厉惩治、规范权力、教育引导协调联动，取得更多制度性成果和更大治理效能。

和身边工作人员利用影响力谋私贪腐问题，坚持受贿行贿一起查，惩治新型腐败和隐性腐败。深化反腐败国际合作，一体构建追逃防逃追赃机制。深化标本兼治，推进反腐败国家立法，加强新时代廉洁文化建设，教育引导广大党员、干部增强不想腐的自觉，清清白白做人、干干净净做事，使严厉惩治、规范权力、教育引导紧密结合、协调联动，不断取得更多制度性成果和更大治理效能。

第七讲

不负时代献赤诚
——关于党员

 党的细胞活力新

 先进纯洁立根本

 "三个务必"为遵循

 勇毅前行做先锋

时代呼唤着我们，人民期待着我们，唯有矢志不渝、笃行不怠，方能不负时代、不负人民。贯彻党中央要求，认真学习党章、遵守党章、贯彻党章、维护党章，全体党员要始终保持先锋战士本色，忠实履行党员义务，深刻领悟"两个确立"的决定性意义，增强"四个意识"、坚定"四个自信"、做到"两个维护"，紧密团结在党中央周围，自信自强、守正创新，踔厉奋发、勇毅前行，为全面建设社会主义现代化国家、全面推进中华民族伟大复兴而团结奋斗！

一、党的细胞活力新

党的十八大以来，在党员队伍建设方面，各级党组织始终坚持把政治标准放在首位，严格把关，保证质量，优化结构，源源不断地把各方面先进分子吸收到党内来，同时加强党员教育管理监督服务，锻造出一支信念坚定、素质优良、纪律严明、作用突出的先锋模范队伍。

（一）党员的先进性和纯洁性决定党的力量

党的力量源于党的先进性和纯洁性。保持党的先进性和纯洁性，除了做到党的理论、纲领、路线、方针、政策、决议正确，各级党组织坚强有力外，还要求广大党员、干部能够充分发挥先锋模范作用，在经济发展和社会进步中始终走在全社会前列，把党员的先进形象树起来，把身边的群众带动起来，促进新时代中国特色社会主义事业各项工作圆满完成。离开广大党员体现先进性和纯洁性的先锋模范作用，要保持党的先进性和纯洁性是不可想象的。

党员是党的先进性和纯洁性的主要载体，党的先进性和纯洁性要靠每一名党员来体现。人民群众看我们党是否先进，不只是看理论、纲领、路线、方针、政策，更重要的是看党员的实际行动，从党员身上感受党的先进性和纯洁性。党员素质的高低、作风的优劣、形象的好坏，直接影响党在人民群众心目中的形象，影响党的创造力、凝聚力和战斗力，影响党的领导水平、执政能力和执政地位。因此，保持党员队伍的先进性和纯洁性，就从根本上保证了党的先进性和纯洁性。

（二）新时代党员队伍建设成就斐然

截至 2021 年底，中国共产党党员总数为 9671.2 万名，比 2020 年底净增 343.4 万名。党的基层组织 493.6 万个，比 2020 年底净增 11.7 万个。中国共产党一路走来，始终把基层党组织和党员队伍建设作为党的建设的基础性工作，不断吸收新鲜血液，着力锻造先锋队伍，使党始终保持旺盛生命力和强大战斗力。

党员队伍规模进一步壮大。党员总数比 2020 年底增加 3.7%，比党的十八大召开时增加 15.9%。党的十八大以来实施发展党员总量调控，党员数量稳步增长。2021 年，隆重庆祝建党 100 周年，充分展示了百年大党的青春活力，各行业各领域的先进分子踊跃申请入党，全年新发展党员 438.3 万名，比 2020 年增加 195.6 万名。其中，生产工作第一线的 231.1 万名，占 52.7%；大专及以上学历的 211.5 万名，占 48.3%；35 岁及以下的 354.0 万名，占 80.8%。

党员队伍结构持续优化。大专及以上学历党员 5146.1 万名，占 53.2%，比 2020 年提高 1.3 个百分点；女党员 2843.1 万名，占 29.4%，比 2020 年提高 1.0 个百分点；少数民族党员 728.5 万名，占 7.5%，比 2020 年提高 0.1％。与 2012 年底相比，大专及以上学历、女性、少数民族党员占比分别提高 13.2％、5.6％、0.7％。工人和农民仍是党员队伍主体，占总数的 33.6％。

党员教育管理不断加强。以学习贯彻习近平新时代中国特色社会主义思想为主线，结合开展党史学习教育，健全党员教育工作体系，深入开展讲党课和学习榜样活动，加大党员教育培训力度，各级举办

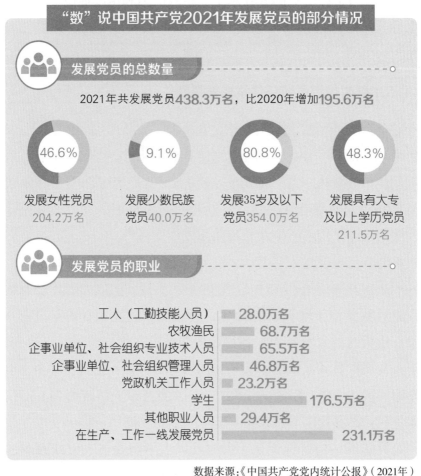

"数"说中国共产党2021年发展党员的部分情况

发展党员的总数量

2021年共发展党员438.3万名，比2020年增加195.6万名

46.6%　发展女性党员　204.2万名

9.1%　发展少数民族党员40.0万名

80.8%　发展35岁及以下党员354.0万名

48.3%　发展具有大专及以上学历党员211.5万名

发展党员的职业

职业	数量
工人（工勤技能人员）	28.0万名
农牧渔民	68.7万名
企事业单位、社会组织专业技术人员	65.5万名
企事业单位、社会组织管理人员	46.8万名
党政机关工作人员	23.2万名
学生	176.5万名
其他职业人员	29.4万名
在生产、工作一线发展党员	231.1万名

数据来源：《中国共产党党内统计公报》（2021年）

培训班 177.3 万期，县级以上党委集中轮训基层党组织书记 430.4 万人次，教育质量持续提升。党的组织生活更加严格规范，424.8 万个党支部召开专题组织生活会、开展民主评议党员。

在 2021 年庆祝建党 100 周年之际，党中央授予 29 名党员"七一勋章"，表彰全国优秀共产党员 400 名、全国优秀党务工作者 300 名、全国先进基层党组织 499 个。向 729.3 万名符合条件的老党员颁发"光荣在党 50 年"纪念章。2021 年全国各级党组织共表彰优秀共产党员 153.1 万名、优秀党务工作者 55.5 万名、先进基层党组织 44.4 万个。

（三）建功新时代，展现新作为

新时代 10 年来，全体党员紧紧围绕在以习近平同志为核心的党中央周围，充分展示先锋队形象，在不同工作岗位充分发挥先锋模范作用，为新时代取得历史性成就注入澎湃的先锋力量。

从 2013 年提出精准扶贫，2015 年开始选派驻村第一书记，实现每个贫困村都有驻村工作队、每个贫困户都有帮扶责任人。截至 2020 年底，全国累计选派 25.5 万个驻村工作队、300 多万名第一书记和驻村干部，广大驻村干部牢记使命、不负重托，心系贫困群众，扎根基层扶贫一线，倾心倾力帮助贫困群众找出路、谋发展、早脱贫。1800 多名同志献出了生命。脱贫攻坚胜利完成，广大党员又接续奋战乡村振兴，为实现共同富裕尽心竭力地工作着。

无论是南方，还是北方，广大党员坚定不移以习近平生态文明思想为指引，牢固树立和践行绿水青山就是金山银山理念，坚持山水林田湖草沙一体化保护和系统治理，全方位、全地域、全过程开展生态文明建设、加强生态环境保护，全面开启人与自然和谐共生现代化新征程。

二、先进纯洁立根本

中国共产党作为中国工人阶级的先锋队、中国人民和中华民族的先锋队，对于党员有着严格的标准和要求。二十大党章第一条对什么人可以申请入党的规定，第二条对党员本质属性的规定，第三条和第四条对党员义务、党员权利的规定，充分体现了衡量党员先进性和纯洁性的具体标准。

认真履行义务和正确行使权利两个方面互为条件、相辅相成、密不可分。党员义务是党员对党应尽的责任，是党组织对党员的基本要求，是衡量一名党员先进性和纯洁性的一把尺子。党员权利是党员依据党章规定在党内生活中享有的权利。党员只有认真履行党员义务、正确行使党员权利，才能保持共产党人的本色，才是一名合格党员。

入党条件和党员本质属性

申请入党的条件

 年龄　年满十八岁

 职业　中国工人、农民、军人、知识分子和其他社会阶层的先进分子

 信仰　承认党的纲领和章程

 组织条件　愿意参加党的一个组织并在其中积极工作、执行党的决议和按期交纳党费

可以申请加入中国共产党

党员本质属性

☑ 中国共产党党员是中国工人阶级的有共产主义觉悟的先锋战十

☑ 中国共产党党员必须全心全意为人民服务，不惜牺牲个人的一切，为实现共产主义奋斗终身

☑ 中国共产党党员永远是劳动人民的普通一员。除了法律和政策规定范围内的个人利益和工作职权以外，所有共产党员都不得谋求任何私利和特权

（一）党员的八项义务

党员义务是党员标准和条件的具体化。二十大党章第一章第三条规定了党员的八项义务，分别从四个方面对党员提出了要求。

党员义务的第一项事关讲政治、有信念。要领导 14 亿多人的社会主义大国，我们党既要政治过硬，也要本领高强。认真学习马克思列宁主义、毛泽东思想、邓小平理论、"三个代表"重要思想、科学发展观、习近平新时代中国特色社会主义思想，学习党的路线、方针、政策和决议，学习党的基本知识和党的历史，学习科学、文化、法律和业务知识，努力提高为人民服务的本领。

问：为什么二十大党章在党员必须履行的义务中增加学习党的历史的内容？

答：二十大党章第一章第三条第一款将学习"党的历史"纳入党员义务，具体而言主要有三个原因：第一，学习党史是党的十八大以来加强党史学习教育宝贵经验的总结和概括。第二，这样修改有利于引导广大党员学史明理、学史增信、学史崇德、学史力行。第三，学习党史是新的历史条件下加强党员队伍自身建设的现实需要。总的来说，这样修改更符合时代发展的要求，更符合加强党的先进性和纯洁性的要求，有利于教育党员坚定理想信念、牢记初心和使命，始终铭记党的光辉历史、弘扬革命精神，为实现第二个百年奋斗目标、以中国式现代化推进民族复兴而不懈奋斗。

党员义务的第二项和第三项事关讲奉献、有作为。党员要自觉肩负起党的事业，首先必须增强"四个意识"、坚定"四个自信"、做到"两个维护"，贯彻执行党的基本路线和各项方针、政策，带头参加改革开放和社会主义现代化建设，带动群众为经济发展和社会进步艰苦奋斗，在生产、工作、学习和社会生活中起先锋模范作用。先锋模范作用是共产党员先进性的最生动的体现，党员的先锋模范作用体现为带头作用、骨干作用和桥梁作用。此外，党员必须坚持党和人民的利益高于一切，个人利益服从党和人民的利益，吃苦在前，享受在后，克己奉公，多做贡献。

党员义务的第四项和第五项事关讲规矩、有纪律。加强纪律建设是全面从严治党的治本之策，每名党员都要把讲规矩、有纪律摆在更加重要的位置，要不折不扣执行党的纪律和规矩，把严守政治纪律和政治规矩放在首位。全党要持之以恒正风肃纪，凡是群众反映强烈的问题都要严肃认真对待，凡是损害群众利益的行为都要坚决纠正。每名党员都要自觉强化纪律执行，对纪律知敬畏、存戒惧、守底线，习惯在受监督和约束的环境中工作生活，牢固树立纪律意识和规矩意识，在守纪律、讲规矩上作表率，自觉做政治上的明白人。全党同志要增强"四个意识"，坚定"四个自信"，做到"两个维护"，坚持对党绝对忠诚，对党高度信赖，做到热爱党、拥护党、永远跟党走。

党员义务的第六、七、八项事关讲道德、有品行。党员应当坚持和发扬党的理论联系实际、密切联系群众、批评和自我批评的优良传统和作风，保持思想道德上的纯洁，发扬社会主义新风尚，带头实践社会主义核心价值观和社会主义荣辱观，提倡共产主义道德，弘扬中华民族传统美德，勇于揭露和纠正违反党的原则的言行和工作中的缺点、错误，坚决同消极腐败现象作斗争，坚决同一切危害党和人民利益的思想作斗争，在一切困难和危险的时刻挺身而出，英勇斗争，不怕牺牲，做党和人民利益的忠诚卫士。

（二）党员的八项权利

二十大党章规定的党员八项权利可分为三个方面。

党员权利的第一、二、三、五、七项属于党员参与党内日常活动的权利。党的职能和使命要由党员具体履行，所有党员在党内政治地位一律平等。各级党组织要扩大党内基层民主，推进党务公开，畅通党员参与党内事务、监督党的组织和干部、向上级党组织提出意见和建议的渠道。党员对党的决议和政策如有不同意见，在坚决执行的前提下可以声明保留，并且可以负责地把自己的意见向党的上级组织直至中央提出。参与权是增强党员责任心和荣誉感的重要权利，对于发展党内民主、增强党员的民主意识和能力有着重要意义。

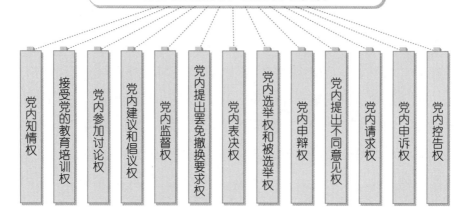

《中国共产党党员权利保障条例》根据党章明确细化党员享有的13项权利

党内知情权　接受党的教育培训权　党内参加讨论权　党内建议和倡议权　党内监督权　党内提出罢免撤换要求权　党内表决权　党内选举权和被选举权　党内申辩权　党内提出不同意见权　党内请求权　党内申诉权　党内控告权

　　党员权利的第六、八项属于党员维护自身政治权益的权利。党员自身的政治权益能否得到切实的维护，是衡量党内民主的一个重要标志。根据党章规定，党员在党组织讨论决定对其党纪处分或作出鉴定时，有权参加和进行申辩，其他党员可以为他作证和辩护。申辩权和辩护权都是进行辩解、解释的权利，两者的区别是，申辩权是党员为本人辩解、解释的权利，辩护权是其他党员为其辩解、解释的权利。为了切实保障党员的政治权益，党章还规定，党员有权向党的上级组织直至中央提出请求、申诉和控告，并要求有关组织给以负责的答复。请求权是党员在政治、工作、学习等方面遇到重要问题需要党组织帮助解决时，有权向本人所在的党组织、上级党组织直至中央提出请求，以维护党员个人正当的政治权益。申诉权是党员因自己的正当权益受到侵犯或遭受不公正对待时而提出的申诉。控告权是党员拥有的控告党的任何组织和党员违法违纪行为的权利。党组织对党员提出的请求、申诉和控告必须迅速转递或作出负责的答复。

　　党员权利的第四项属于党员的监督权。保障党员的这一权利，是党内民主的重要表现，是有效实行党内监督的重要形式，对于促进党员积极关心和维护党的利益，及时发现和处理重大问题，使党的路线、方针、政策得以顺利贯彻执行，使党的组织和党的干部受到自下而上的监督，保持党的先进性和纯洁性，增强党的创造力、凝聚力和战斗力，具有十分重要的意义。党员应当正确行使这项权利，按照组织原则和有关程序办事，坚持实事求是，明确列举事实根据，不得夸大和歪曲事实，更不准捏造事实、诬告陷害。

三、"三个务必"为遵循

习近平总书记在党的二十大报告开篇，郑重向全党发出"三个务必"的号召："中国共产党已走过百年奋斗历程。我们党立志于中华民族千秋伟业，致力于人类和平与发展崇高事业，责任无比重大，使命无上光荣。全党同志务必不忘初心、牢记使命，务必谦虚谨慎、艰苦奋斗，务必敢于斗争、善于斗争，坚定历史自信，增强历史主动，

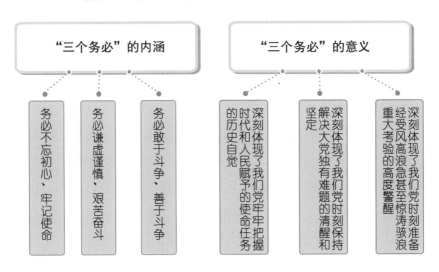

"三个务必"彰显百年大党新时代赶考的清醒和坚定

"三个务必"的内涵
- 务必不忘初心、牢记使命
- 务必谦虚谨慎、艰苦奋斗
- 务必敢于斗争、善于斗争

"三个务必"的意义
- 深刻体现了我们党牢牢把握时代和人民赋予的使命任务的历史自觉
- 深刻体现了我们党时刻保持解决大党独有难题的清醒和坚定
- 深刻体现了我们党时刻准备经受风高浪急甚至惊涛骇浪重大考验的高度警醒

谱写新时代中国特色社会主义更加绚丽的华章。"每个共产党员都要着眼于新时代新征程对党员的新要求，坚持以知促行，做政治担当合格、执行纪律合格、品德品质合格、发挥作用合格的好党员。

（一）务必不忘初心、牢记使命

看一个党员是否合格，首要的标准就是看其政治上是否合格，不忘初心、牢记使命，是政治生活中的一个重要主题，也是全体党员、干部的终身课题。

中国共产党一经成立，就把实现共产主义作为党的最高理想和最终目标，义无反顾地肩负起实现中华民族伟大复兴的历史使命，团结带领人民进行了艰苦卓绝的斗争，谱写了气吞山河的壮丽史诗。党的初心和使命是党的性质宗旨、理想信念、奋斗目标的集中体现，越是长期执政，越不能忘记党的初心和使命，越不能丧失自我革命精神，在新时代把党的自我革命推向深入，把党建设成为始终走在时代前列、人民衷心拥护、勇于自我革命、经得起各种风浪考验、朝气蓬勃的马克思主义执政党。要深刻认识党面临的"四大考验"，深刻认识党面临的"四种危险"的尖锐性和严峻性。如果丢掉了初心、忘记了使命，就会陷入"四种危险"，就会经不起"四大考验"，就会缺乏前进的动力。因此，我们要不断增强党的政治领导力、思想引领力、群众组织力、社会号召力，确保我们党永葆旺盛生命力和强大战斗力。从这个意义上说，不忘初心、牢记使命是我们党的力量源泉，是我们党永葆青春的秘诀。

不忘初心、牢记使命，就是要牢记共产主义远大理想，坚定中国特色社会主义共同理想，一步一个脚印向着美好未来和最高理想前进。就是要继承先辈革命传统，学习革命先辈的崇高精神，明确新时代肩负的重大责任，增强现实的责任感和历史的使命感。就是要坚持全心全意为人民服务的根本宗旨，永远保持对人民的赤子之心，不断

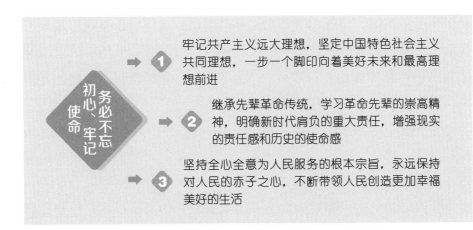

带领人民创造更加幸福美好的生活。

要把党的初心和使命作为新时代共产党人的行为准则，以自我革命精神检视整改违背初心和使命的各种问题。要对照党章和党规党纪要求，对标合格党员标准，检视自己是否牢记党的性质、宗旨，理想信念是否坚定，有没有清除私心杂念，做到明大德、守公德、严私德，修身齐家，和悦邻里，在工作中吃苦在前、享受在后。要加强党员教育管理服务工作，认真开展民主生活会和组织生活会，不断增强政治免疫力，保持党员的先进性和纯洁性。要把群众呼声作为我们一切工作的出发点，解民忧，纾民难，切实做到把人民放在心中的最高位置，践行好党的宗旨。

（二）务必谦虚谨慎、艰苦奋斗

不忘初心、牢记使命、永远奋斗，必须大力弘扬党的优良传统和作风。

谦虚谨慎、艰苦奋斗是中华民族的传统美德，是我们党克敌制胜的法宝，也是全党同志应有的政治本色和优良作风。在党的七届二中全会上，毛泽东全面规划新中国制度框架与政策设计；警示全党同志不要被胜利冲昏头脑，警惕因为胜利可能增长的党内骄傲情绪、以功臣自居的情绪、停顿起来不求进步的情绪、贪图享乐不愿再过艰苦生活的情绪，防止"资产阶级的捧场则可能征服我们队伍中的意志薄弱者……在糖弹面前要打败仗"，强调"夺取全国胜利，这只是万里长征走完了第一步"。中国的革命是伟大的，但革命以后的征程更远，工作更伟大、更艰苦。毛泽东告诫全党同志，"务必使同志们继续地保持谦虚、谨慎、不骄、不躁的作风，务必使同志们继续地保持艰苦奋斗的作风"，即"两个务必"。

现在，我们面临着新的赶考，应当看到，迈上新征程，面对日趋复杂的国际环境，机遇和挑战之大前所未有，我们没有任何理由陶醉于已有的成绩而懈怠，没有任何理由固步自封而停滞不前，没有任何理由满足现状而不思进取。成绩越大，形势越复杂，越要头脑清醒，居安思危，决不能自满，决不能懈怠，决不能停滞。还要看到，现在宏伟目标已经确立，蓝图已经绘就。要实现宏伟目标，把蓝图变成现实，需要全党同志团结一致，艰苦奋斗。我们要走的路还很长，肩负的任务还很重，困难和挑战还会很多，艰苦奋斗的思想和作风一刻也不能丢。

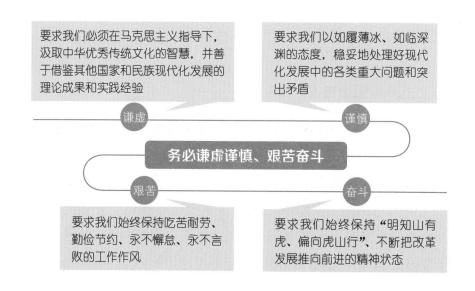

回顾我们党不懈奋斗和中华人民共和国发展壮大的光辉历程，谦虚谨慎、艰苦奋斗是我们党永葆先进性、团结带领人民取得胜利的重要法宝，是国家各项事业不断进步的强大动力。

谦虚是一种美德，它有巨大的感召力，能够吸引人，提升自己的品格。谨慎是一种修养，包含慎独、慎微、慎初、慎终、慎言、慎行、慎欲、慎友等内涵。谦虚谨慎是对个人品格和道德修养的要求，是静态的自我修炼。艰苦奋斗，是动态的展示，是人们在实际生活和工作中展示出来的精神风貌。一个没有艰苦奋斗精神作支撑的民族是难以自立自强的，中华优秀传统文化强调"天行健，君子以自强不息"，5000多年的中华文明史，就是中华民族艰苦奋斗的历史。中国共产党人继承中华民族精神基因，在百年斗争中始终坚守艰苦奋斗精神。新时代新征程，我们要坚持不懈地用艰苦奋斗精神激励全党和全体人民为实现国家富强和民族振兴而共同奋斗，踔厉奋发，勇毅前行，创造自己的幸福生活和美好未来。

"清正在德，廉洁在志。""静以修身，俭以养德。"务必谦虚谨慎、艰苦奋斗，党员要坚持原则、坚守底线，一身正气、一心为公，尽职尽责、勤政为民，干净做事、清爽做人。敢于同歪风邪气说不，以党的政治纪律和政治规矩严以律己，严以修身，树立廉洁之风。要坚决杜绝奢靡浪费，杜绝享乐主义，自觉维护优良的党风、政风、民风，以良好的社会风尚推进社会主义现代化建设。

（三）务必敢于斗争、善于斗争

"我们在工作中遇到的斗争是多方面的，改革发展稳定、内政外交国防、治党治国治军都需要发扬斗争精神、提高斗争本领。"习近平总书记在2019年秋季学期中央党校（国家行政学院）中青年干部培训班开班式上的这一重要论述深刻揭示了马克思主义政党敢于斗争、善于斗争的科学规律，生动体现了中国共产党治国理政、管党

敢于斗争、善于斗争

经受严格的思想淬炼、政治历练、实践锻炼，在复杂严峻的斗争中经风雨、见世面、壮筋骨	学懂弄通做实党的创新理论，掌握马克思主义立场观点方法，夯实敢于斗争、善于斗争的思想根基	坚持在重大斗争中磨砺，越是困难大、矛盾多的地方，越是形势严峻、情况复杂的时候，越能练胆魄、磨意志、长才干

治党的鲜明特色，具有重要指导意义。

中国共产党是敢于斗争、善于斗争的伟大政党。1962年初，毛泽东在七千人大会上的重要讲话中指出："从现在起，五十年内外到一百年内外，是世界上社会制度彻底变化的伟大时代，是一个翻天覆地的时代，是过去任何一个历史时代都不能比拟的。处在这样一个时代，我们必须准备进行同过去时代的斗争形式有着许多不同特点的伟大的斗争。"今天，中国特色社会主义进入新时代，我们正在进行具有许多新的历史特点的伟大斗争。习近平总书记在2019年秋季学期中央党校（国家行政学院）中青年干部培训班开班式上的重要讲话中指出："当前和今后一个时期，我国发展进入各种风险挑战不断积累甚至集中显露的时期"。"我们面临的各种斗争不是短期的而是长期的，至少要伴随我们实现第二个百年奋斗目标全过程。"习近平总书记对新的历史条件下进行伟大斗争的长期性、复杂性、艰巨性的分析，与当年毛泽东作出的判断一脉相承，极富政治远见。

做敢于斗争、善于斗争的合格党员，必须矢志不渝坚定正确斗争方向。应当时刻牢记，凡是危害党的领导和我国社会主义制度，危害我国主权、安全、发展利益，危害我国核心利益和重大原则，危害我国人民根本利益，危害我国实现第二个百年奋斗目标和中华民族伟大

权威评论

　　辛向阳（中国社会科学院大学马克思主义学院院长，中国社会科学院马克思主义研究院党委书记、副院长）：中华民族伟大复兴，绝不是轻轻松松、敲锣打鼓就能实现的。在新征程上，面对新的战略机遇、新的战略任务、新的战略阶段、新的战略要求、新的战略环境，面对比以往更加错综复杂的风险挑战和矛盾问题，我们必须深刻把握"进行具有许多新的历史特点的伟大斗争"的时代意蕴，坚定斗争意志、增强斗争本领，敢于斗争、善于斗争，战胜前进道路上的一切艰难险阻，为全面建成社会主义现代化强国、实现中华民族伟大复兴提供坚强保障。

复兴中国梦的风险挑战，都是我们既定的、明确的、不可移易的斗争对象，必须保证攻而克之、战而胜之。必须坚持不懈磨砺顽强斗争意志。顽强斗争意志不是与生俱来的，要靠大风大浪的锻炼来塑造。全体党员干部必须坚持加强思想淬炼、政治历练、实践锻炼，到攻坚克难中实实在在地增长才干，以培养不畏艰险、敢于斗争的风骨、气节、操守和胆魄。我们在事关中国特色社会主义前途命运的根本问题上要坚定不移，在改革发展稳定工作中要敢于动真，在全面从严治党上要敢于碰硬，在维护国家核心利益上要敢于拼命，不在困难面前退缩，不在挑战面前低头，不在任何压力下考虑以吞下危害中华民族根本利益的苦果为代价换取任何形式的苟且偷安。

四、勇毅前行做先锋

时代呼唤先锋，时代造就先锋。新时代新征程，需要 9600 多万名党员不忘初心、牢记使命，持续不断加强学习、增强党性、提高能力、踔厉奋发，作出不负时代的贡献和业绩。

（一）着眼于增强理论自觉，坚持不懈用习近平新时代中国特色社会主义思想武装头脑

学习习近平新时代中国特色社会主义思想，要结合深入学习党的历史，充分认识中国共产党为什么能，中国特色社会主义为什么好，归根到底是马克思主义行，是中国化时代化的马克思主义行。深刻认识这一思想是中华文化和中国精神的时代精华，实现了马克思主义中国化时代化新的飞跃；深刻感悟这一重要思想对实现中华民族伟大复兴的统领作用，对走好中国式现代化道路的引领作用，对建设长期执政的马克思主义政党的指引作用。要注重从总体上系统把握，做到至信而深厚、融通而致用、执着而笃行。

（二）着眼于提高政治能力，坚持不懈领悟"两个确立"的决定性意义、坚定做到"两个维护"的高度自觉

深刻认识旗帜鲜明讲政治是我们党作为马克思主义政党的根本要求，保证党的团结统一是党的生命；把常态化长效化学习党史的过程作为增强政治意识、强化党性锻炼，不断提高政治判断力、政治领悟力、政治执行力的过程。深刻认识党的十八大以来党和国家事业取得历史性成就、发生历史性变革，根本在于有习近平总书记作为党中央的核心、全党的核心领航掌舵，在于有习近平新时代中国特色社会

主义思想科学指引。深刻认识坚持党的全面领导特别是党中央集中统一领导是我们的根本政治优势，进一步领悟"两个确立"的决定性意义，提高党内政治生活质量，强化党的意识、党员意识，自觉同党的理论和路线方针政策对标对表、及时校准偏差。牢记"国之大者"，一切在大局下思考、行动，以干工作、办实事的实际行动提高贯彻党中央决策部署的本领和水平。

（三）着眼于强化宗旨意识，坚持不懈为群众办实事办好事

发挥党员先锋模范作用，用心、用情、用力解决群众的操心事、揪心事、烦心事，增强人民获得感、幸福感、安全感。深入践行以人民为中心的发展思想，走好新时代党的群众路线。党员、干部要满腔热忱地为群众办实事、解难事，在为民造福中让群众看到党员、干部作风的新改进、面貌的新变化。在落实民生项目做实政策措施的基础上，推动工作流程规范化、创新做法制度化、成熟经验机制化，完善解决民生问题的体制机制。

（四）着眼于激发昂扬斗志，坚持不懈弘扬伟大建党精神

将坚持弘扬伟大建党精神，作为践行社会主义核心价值观的重要抓手，体现在干事创业的平常。加强党的光荣传统和优良作风教育，完善作风建设长效机制，在新时代新征程上弘扬好作风。加强斗争精

中国共产党的精神之源——伟大建党精神

坚持真理、坚守理想 ❶　　❷ 践行初心、担当使命

对党忠诚、不负人民 ❹　　❸ 不怕牺牲、英勇斗争

神教育，在新时代的伟大实践中不断发扬斗争精神，增强斗争本领，注重从党的历史中汲取战胜风险挑战的智慧和力量，激励广大党员发扬历史主动精神，敢于直面矛盾问题和困难挑战，勇于担当作为，为党和人民事业赤诚奉献。

第八讲

"两个确立"铸党魂
——关于党的组织制度、组织体系

 民主集中意蕴新

 体系严密职责清

团结统一力无穷

 夯实基础聚民心

新时代中国共产党之所以能够取得历史性成就、实现历史性变革，关键是党的政治建设有力、思想建设发力、组织建设得力、制度建设着力，"两个确立"成为全党的共识和推进各项事业的动力。党的力量来自组织，严密的组织体系、科学的组织制度，是马克思主义政党的优势所在、力量所在。二十大党章增写了"坚持新时代党的组织路线"，要求以组织体系建设为重点，增强党组织的政治功能和组织功能，从组织上保证党的基本理论、基本路线、基本方略的贯彻落实。

一、民主集中意蕴新

二十大党章总纲指出了党的建设必须坚决实现六项基本要求，其中第五项就是"坚持民主集中制"。二十大党章指出，"民主集中制是民主基础上的集中和集中指导下的民主相结合。它既是党的根本组织原则，也是群众路线在党的生活中的运用"，要求"必须充分发扬党内民主，尊重党员主体地位，保障党员民主权利，发挥各级党组织和广大党员的积极性创造性。必须实行正确的集中，牢固树立政治意识、大局意识、核心意识、看齐意识，坚定维护以习近平同志为核心的党中央权威和集中统一领导，保证全党的团结统一和行动一致，保证党的决定得到迅速有效的贯彻执行。加强和规范党内政治生活，增强党内政治生活的政治性、时代性、原则性、战斗性，发展积极健康的党内政治文化，营造风清气正的良好政治生态。党在自己的政治生活中正确地开展批评和自我批评，在原则问题上进行思想斗争，坚持真理，修正错误。努力造成又有集中又有民主，又有纪律又有自由，又有统一意志又有个人心情舒畅生动活泼的政治局面"。

（一）民主集中制的发展历程

民主集中制是马克思主义政党的根本组织原则和领导制度。它产生于共产主义运动的实践，伴随着马克思主义的发展、世界社会主义事业的发展而发展、完善。

马克思和恩格斯提出了民主的建党原则。《共产主义者同盟章程》规定，同盟的各级领导机关由民主选举产生，共产主义者同盟内部的盟员一律平等。在共产主义者同盟后期，马克思和恩格斯提出，革命活动只有在集中的条件下才能发挥出自己的全部力量。第一国际成立后，马克思和恩格斯沿用共产主义者同盟的组织原则，强调集中领导和权威的重要性。列宁在探索建立新型无产阶级政党的实践中，把民主集中制确立为无产阶级政党的根本组织原则，构建了民主集中制的科学理论体系。

中国共产党在百年奋斗历程中，坚持贯彻民主集中制思想，把民主集中制作为管党治党的根本组织原则和领导制度，《中国共产党第三次修正章程决案》明确规定："党部的指导原则为民主集中制。"此后，党章都把民主集中制作为党的根本组织原则和领导制度，确保党和国家各项事业始终沿着正确方向胜利前进。

（二）民主集中制的基本原则

党的二大通过的第一部党章明确规定："全国大会及中央执行委员会之议决，本党党员皆须绝对服从之。""下级机关须完全执行上级机关之命令。""本党一切会议均取决多数，少数绝对服从多数。"抗日日战争时期，毛泽东在《论新阶段》中完整地提出了"四个服从"："必须重申党的纪律：（一）个人服从组织；（二）少数服从多数；（三）下级服从上级；（四）全党服从中央。"党的七大以后，都将"四个服从"作为民主集中制的基本原则写入党章。二十大党章规定了民主集中制的六项基本原则，其中最核心的是"四个服从"的基本原则：党员个人服从党的组织，少数服从多数，下级组织服从上级组织，全党各个组织和全体党员服从党的全国代表大会和中央委员会。第二至第六项基本原则依次为：党的各级领导机关，除它们派出的代表机关和在非党组织中的党组外，都由选举产生；党的最高领导机关，是党的全国代表大会和它所产生的中央委员会；党的上级组织要经常听取下级组织和党员群众的意见，及时解决他们提出的问题；党的各级委员会实行集体领导和个人分工负责相结合的制度；党禁止任何形式的个人崇拜。

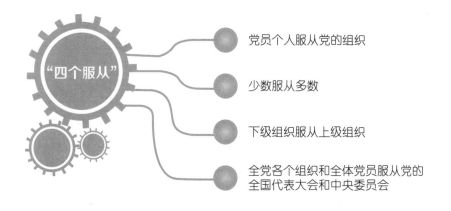

"四个服从"

党员个人服从党的组织

少数服从多数

下级组织服从上级组织

全党各个组织和全体党员服从党的全国代表大会和中央委员会

这六项基本原则是一个有机整体，是健全党内政治生活和领导机制的根本依据，是处理党内关系的最高准则。

（三）民主集中制的时代要求

新时代贯彻落实民主集中制，对于不断提高党在严峻考验下的执政能力和领导水平，增强党在复杂的国际国内环境中拒腐防变和抵御风险能力，维护党的团结统一，具有重要的战略意义。党的十八大以来，针对党内政治生态存在的突出问题，针对不少基层党组织出现的宽松软现象，党中央旗帜鲜明地提出全党要增强"四个意识"，突出党中央的权威和集中统一领导。"四个服从"明确规定了如何处理党内各种关系，要求全党服从中央，维护党中央权威和集中统一领导，是民主集中制的最高准则。这就要求全党坚决拥护"两个确立"、增强"四个意识"、坚定"四个自信"、做到"两个维护"，自觉在思想上政治上行动上同以习近平同志为核心的党中央保持高度一致。

新时代贯彻落实民主集中制，要正确理解民主和集中的关系，在充分发扬民主的基础上，实现正确的集中，严格执行党的组织纪律。着力解决发扬民主不足、正确集中不够、党内政治生活不严肃、管党治党宽松软等问题，坚持和加强党的全面领导，永葆党的生机活力。结合新时代党的建设新要求，加强民主集中制教育，提高党员民主集中制素养，把民主集中制的各项具体制度落实到党内政治生活和具体工作中。加强对民主集中制各项具体制度落实情况的监督，保障民主集中制各项具体制度贯彻落实，切实增强党的生机与活力。

在全面从严治党、夺取具有许多新的历史特点的伟大斗争的胜利实践中，不断完善民主集中制具体制度，对于保证党的先进性和纯洁性，维护党的团结统一，意义重大。党的十八大以来，以习近平同志为核心的党中央高度重视民主集中制建设，明确了完善和落实民主集中制各项制度的具体要求，并把坚持民主集中制作为新时代坚持和发展中国特色社会主义的基本方略的重要内容加以明确。对于民主集中制各项具体制度中好的、管用的方面，要积极贯彻和落实。对于不适应时代要求的方面，要结合社会发展的新情况、新问题，主动改进、调整完善，出台新的制度，不断推动民主集中制具体制度的发展创新。

新时代准确把握和贯彻落实民主集中制

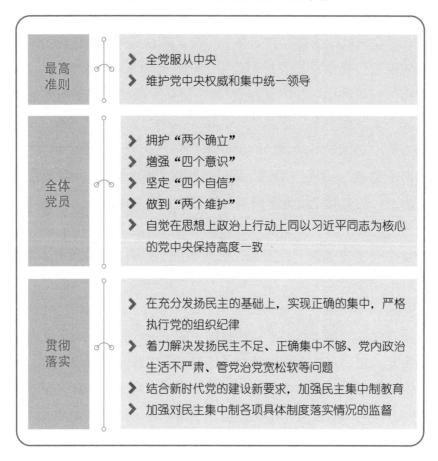

最高准则	➤ 全党服从中央 ➤ 维护党中央权威和集中统一领导
全体党员	➤ 拥护"两个确立" ➤ 增强"四个意识" ➤ 坚定"四个自信" ➤ 做到"两个维护" ➤ 自觉在思想上政治上行动上同以习近平同志为核心的党中央保持高度一致
贯彻落实	➤ 在充分发扬民主的基础上，实现正确的集中，严格执行党的组织纪律 ➤ 着力解决发扬民主不足、正确集中不够、党内政治生活不严肃、管党治党宽松软等问题 ➤ 结合新时代党的建设新要求，加强民主集中制教育 ➤ 加强对民主集中制各项具体制度落实情况的监督

二、体系严密职责清

严密的组织体系是马克思主义政党的优势所在、力量所在。列宁说过，无产阶级"所以能够成为而且必然会成为不可战胜的力量，就是因为它根据马克思主义原则形成的思想一致是用组织的物质统一来巩固的"。我们党建立了包括党的中央组织、地方组织、基层组织在内的严密组织体系，这是世界上任何其他政党都不具有的强大优势。

二十大党章第三章、第四章、第五章，明确规定了不同层级党组织的职责，是规范党内关系的根本遵循。

（一）党的中央组织

党的中央组织包括党的全国代表大会和它选举产生的中央委员会、中央纪律检查委员会，由中央委员会选举产生的中央政治局和中央政治局常务委员会，由中央政治局常务委员会提名中央委员会全体会议通过的中央书记处，由中央委员会决定的中央军事委员会。党的全国代表大会和它所产生的中央委员会是党的最高领导机关。

按照二十大党章规定，党的全国代表大会的职权是：（1）听取和审查中央委员会的报告；（2）审查中央纪律检查委员会的报告；（3）讨论并决定党的重大问题；（4）修改党的章程；（5）选举中央委员会；（6）选举中央纪律检查委员会。

党的全国代表大会每五年举行一次，由中央委员会召集。中央委员会认为有必要，或者有1/3以上的省一级组织提出要求，全国代表大会可以提前举行；如无非常情况，不得延期举行。

党的中央委员会每届任期五年。全国代表大会如提前或延期举行，它的任期相应地改变。中央委员会委员和候补委员必须有五年以上的党龄。中央委员会委员和候补委员的名额，由全国代表大会决定。中央委员会委员出缺，由中央委员会候补委员按照得票多少依次递补。

中央委员会全体会议由中央政治局召集，每年至少举行一次。中央政治局向中央委员会全体会议报告工作，接受监督。

在全国代表大会闭会期间，中央委员会执行全国代表大会的决议，领导党的全部工作，对外代表中国共产党。

党的中央政治局、中央政治局常务委员会和中央委员会总书记，由中央委员会全体会议选举。中央委员会总书记必须从中央政治局常务委员会委员中产生。

中央政治局和它的常务委员会在中央委员会全体会议闭会期间，行使中央委员会的职权。

中央书记处是中央政治局和它的常务委员会的办事机构；成员由中央政治局常务委员会提名，中央委员会全体会议通过。

中央委员会总书记负责召集中央政治局会议和中央政治局常务委员会会议，并主持中央书记处的工作。

党的中央军事委员会组成人员由中央委员会决定，中央军事委员会实行主席负责制。

每届中央委员会产生的中央领导机构和中央领导人，在下届全国代表大会开会期间，继续主持党的经常工作，直到下届中央委员会产生新的中央领导机构和中央领导人为止。

（二）党的地方组织

党的地方组织包括党的省、自治区、直辖市，设区的市、自治州，县（旗）、自治县、不设区的市和市辖区的代表大会，以及它们选举产生的委员会。党的省、自治区、直辖市的代表大会，设区的市和自治州的代表大会，县（旗）、自治县、不设区的市和市辖区的代表大会，每五年举行一次。

党的地方各级代表大会由同级党的委员会召集。在特殊情况下，经上一级委员会批准，可以提前或延期举行。党的地方各级代表大会代表的名额和选举办法，由同级党的委员会决定，并报上一级党的委员会批准。

党的省、自治区、直辖市、设区的市和自治州的委员会，每届任期五年。这些委员会的委员和候补委员必须有五年以上的党龄。党的县（旗）、自治县、不设区的市和市辖区的委员会，每届任期五年。这些委员会的委员和候补委员必须有三年以上的党龄。

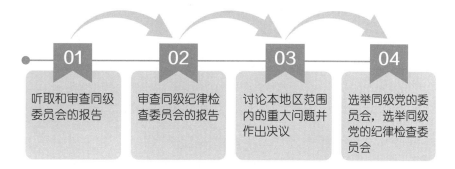

党的地方各级代表大会的职权

01 听取和审查同级委员会的报告

02 审查同级纪律检查委员会的报告

03 讨论本地区范围内的重大问题并作出决议

04 选举同级党的委员会，选举同级党的纪律检查委员会

党的地方各级代表大会如提前或延期举行，由它选举的委员会的任期相应地改变。

党的地方各级委员会的委员和候补委员的名额，分别由上一级委员会决定。党的地方各级委员会委员出缺，由候补委员按照得票多少依次递补。

党的地方各级委员会全体会议，每年至少召开两次。党的地方各级委员会在代表大会闭会期间，执行上级党组织的指示和同级党代表大会的决议，领导本地方的工作，定期向上级党的委员会报告工作。

党的地方各级委员会全体会议，选举常务委员会和书记、副书记，并报上级党的委员会批准。党的地方各级委员会的常务委员会，在委员会全体会议闭会期间，行使委员会职权；在下届代表大会开会期间，继续主持经常工作，直到新的常务委员会产生为止。党的地方各级委员会的常务委员会定期向委员会全体会议报告工作，接受监督。

党的地区委员会和相当于地区委员会的组织，是党的省、自治区委员会在几个县、自治县、市范围内派出的代表机关。它根据省、自治区委员会的授权，领导本地区的工作。

（三）党的基层组织

企业、农村、机关、学校、医院、科研院所、街道社区、社会组织、人民解放军连队和其他基层单位，凡是有正式党员 3 人以上的，都应当成立党的基层组织。

党的基层组织，根据工作需要和党员人数，经上级党组织批准，分别设立党的基层委员会、总支部委员会、支部委员会。基层委员会由党员大会或代表大会选举产生，总支部委员会和支部委员会由党员大会选举产生，提出委员候选人要广泛征求党员和群众的意见。按照这一原则设置党的基层组织应注意以下两点：一是基层党组织设置形式与党员人数的关系。正式党员人数 3 人以上、不足 50 人的社会基层单位，可以成立党的支部，其中党员人数超过 7 人的可以成立党的支部委员会；党员人数超过 50 人、不足 100 人的社会基层单位，可以成立总支部委员会；党员人数超过 100 人的，可以成立党的基层委员会。二是正确理解工作需要。一般情况下既要考虑党员人数，又要考虑工作需要。党员人数接近成立相应党的基层组织的规定要求的，也可以批准成立相应的党的基层组织，但要从严掌握。

党的基层委员会、总支部委员会、支部委员会每届任期三年至五年。基层委员会、总支部委员会、支部委员会的书记、副书记选举产生后，应报上级党组织批准。

党的基层组织是党在社会基层组织中的战斗堡垒，是党的全部工作和战斗力的基础。它的基本任务是：（1）宣传和执行党的路线、方针、政策，宣传和执行党中央、上级组织和本组织的决议，充分发挥党员的先锋模范作用，积极创先争优，团结、组织党内外的干部和群众，努力完成本单位所担负的任务。（2）组织党员认真学习马克思列宁主义、毛泽东思想、邓小平理论、"三个代表"重要思想、科学发展观、习近平新时代中国特色社会主义思想，推进"两学一做"学习教育、党史学习教育常态化制度化，学习党的路线、方针、政策和决议，学习党的基本知识，学习科学、文化、法律和业务知识。（3）对党员进行教育、管理、监督和服务，提高党员素质，坚定理想信念，

习近平（中共中央总书记、国家主席、中央军委主席）：基层党组织是贯彻落实党中央决策部署的"最后一公里"，不能出现"断头路"，要坚持大抓基层的鲜明导向，持续整顿软弱涣散基层党组织，有效实现党的组织和党的工作全覆盖，抓紧补齐基层党组织领导基层治理的各种短板，把各领域基层党组织建设成为实现党的领导的坚强战斗堡垒。

增强党性，严格党的组织生活，开展批评和自我批评，维护和执行党的纪律，监督党员切实履行义务，保障党员的权利不受侵犯。加强和改进流动党员管理。（4）密切联系群众，经常了解群众对党员、党的工作的批评和意见，维护群众的正当权利和利益，做好群众的思想政治工作。（5）充分发挥党员和群众的积极性创造性，发现、培养和推荐他们中间的优秀人才，鼓励和支持他们在改革开放和社会主义现代化建设中贡献自己的聪明才智。（6）对要求入党的积极分子进行教育和培养，做好经常性的发展党员工作，重视在生产、工作第一线和青年中发展党员。（7）监督党员干部和其他任何工作人员严格遵守国家法律法规，严格遵守国家的财政经济法规和人事制度，不得侵占国家、集体和群众的利益。（8）教育党员和群众自觉抵制不良倾向，坚决同各种违纪违法行为作斗争。

三、团结统一力无穷

党的十九大以来，以习近平同志为核心的党中央立足新的历史方位、高瞻远瞩、统筹谋划，更加注重党的组织体系建设，以提升组织力为重点，突出政治功能，加强企业、农村、机关、事业单位、社区、社会组织等各领域党建工作，推动基层党组织全面进步、全面过硬，为实现党的全面领导奠定了坚实组织基础。

（一）以政治建设为统领，确立习近平同志党中央的核心、全党的核心地位

在党的组织体系中，党中央是大脑和中枢，坚持党中央集中统一领导，唯有巩固党中央的权威，党的组织体系才会坚强有力。党的十八大以来，党坚持以政治建设为统领，多方面推进全面从严治党。一是坚决维护习近平同志党中央的核心、全党的核心地位，旗帜鲜明讲政治加强组织体系建设，在实践中始终把学习贯彻习近平新时代中国特色社会主义思想作为首要政治任务，坚持不懈用习近平新时代中国特色社会主义思想武装头脑、指导实践、推动工作。二是坚决维护党中央权威和集中统一领导，党中央明确规定政治局常委会每年听取和研究全国人大常委会、国务院、全国政协、最高人民法院、最高人民检察院党组工作汇报和中央书记处工作报告，中央政治局全体同志每年向党中央和习近平总书记书面述职一次。党中央印发并施行《中国共产党重大事项请示报告条例》，规范并落实了重大问题、重要事项请示报告制度。这些举措有利于坚持和加强党的全面领导，保证了全党团结统一和行动一致。三是严格政治纪律和政治规矩，党中央多次强调政治纪律和政治规矩的重要性。党的十八大以来，各级党组织不断强化政治纪律和政治规矩教育，坚持把政治标准放在首位，严把选人用人政治关，把严明政治纪律和政治规矩作为干部监督的重要方面，有效推动了党员干部旗帜鲜明讲政治。

（二）完善党领导各项工作的体制，充分发挥党总揽全局、协调各方的作用

党的十八大以来，党完善了组织体制建设，坚持和加强了党的全面领导，具体包括三个方面：一是健全了党对重大工作的领导体制机制。《中共中央关于深化党和国家机构改革的决定》明确指出："党中央决策议事协调机构在中央政治局及其常委会领导下开展工作。优化党中央决策议事协调机构，负责重大工作的顶层设计、总体布局、统筹协调、整体推进。"此外，还明确了党的组织、宣传、统战等部门对本系统、本领域的归口协调职能，强调了上级党委（党组）对其批准成立的下级党委（党组）的统一领导。二是加强了地方党委总揽全局的作用。《中国共产党地方委员会工作条例》强调了地方党委的政治、思想和组织领导作用，把贯彻落实党中央决策部署作为其根本任

党的十八大以来，坚持和加强党的全面领导的三大举措

1 健全了党对重大工作的领导体制机制

2 加强了地方党委总揽全局的作用

3 发挥了党组的领导核心作用

三大举措有力确保了党中央和各级党委（党组）对各项事业和各方面工作的领导

务，明确了其在本地区总揽全局、协调各方的作用。三是发挥了党组的领导核心作用。《中国共产党党组工作条例》要求党组担当管党治党主体责任，履行把党的路线和大政方针执行到实处的职责，着力把方向、管大局、保落实。以上这些举措有力确保了党中央和各级党委（党组）对各项事业和各方面工作的领导。

（三）加强各项制度建设，全方位贯彻落实党的领导

通过建立健全各项制度，理顺了领导机制和管理机制，把党的领导贯彻落实到了各个领域。《中国共产党农村基层组织工作条例》要求村党组织书记通过法定程序担任村民委员会主任和村级集体经济组织、合作经济组织负责人，村"两委"班子成员应当交叉任职，强化了农村基层党组织在同级组织中的领导核心地位。《关于加强和改进城市基层党的建设工作的意见》指出社区党组织应对辖区内各类社会组织进行政治领导、组织嵌入和工作引领，推进了以社区党组织为核心、多主体共同参与的治理机制的构建。《关于在深化国有企业改革中坚持党的领导加强党的建设的若干意见》和《中国共产党国有企业基层组织工作条例（试行）》强调把党的领导与公司治理有机融合，全面推行双向进入、交叉任职，确保了企业党组织领导权和监督权的落实。《中国共产党党和国家机关基层组织工作条例》理顺了机关工委、部门党组（党委）、机关党组织之间的关系，要求党组织书记由党员身份的行政负责人担任。在高校章程中强调党的领导，深入贯彻党委领导下的校长负责制，要求由党员身份的系主任、优秀辅导员、优秀教师担任党组织书记。在群团组织中加强党的领导，强化其政治性、先进性、群众性。在新经济组织和新社会组织中积极推动党的组织和党的工作的有效覆盖，有效发挥了党组织的政治核心和引领作用。

（四）突出基层党组织政治功能，筑牢坚强战斗堡垒

各地坚持以提升组织力为重点，大力加强基层党组织建设，夯实了组织体系的基层堡垒。党中央制定了《中国共产党支部工作条例（试行）》，强调一切工作到支部的工作导向，对党支部设置与建设、工作机制、党组织生活等内容进行了细化规定，确保了党的领导在基层得到充分落实与体现。创新党员的组织模式，突破了基层党组织设置的行业与属地限制，以党的活动组织为主要载体，构建了横向、开放、有机联系的党员组织模式，推进了党的组织生活规范化、制度化、常态化。全党开展了党员组织关系的集中排查，调整理顺了党组织隶属体系，将每名党员纳入党组织的有效管理，避免出现管理"真空"；加强了对挂靠人才市场流动党员的管理，规范了对超期限失联党员的管理和处置；细化了不合格党员的认定标准、处置方式及处置程序，明确要求各级党委对本地本部门处置不合格党员工作负总责。

四、夯实基础聚民心

基层党组织是党的肌体的"神经末梢"，是党执政大厦的地基。二十大党章总纲规定："党必须按照总揽全局、协调各方的原则，在同级各种组织中发挥领导核心作用。"第二章第十八条规定："党的中央、地方和基层组织，都必须重视党的建设，经常讨论和检查党的宣传工作、教育工作、组织工作、纪律检查工作、群众工作、统一战线工作等，注意研究党内外的思想政治状况。"第五章第三十条规定："企业、农村、机关、学校、医院、科研院所、街道社区、社会组织、人民解放军连队和其他基层单位，凡是有正式党员三人以上的，都应当成立党的基层组织。"第三十二条规定："党的基层组织是党在社会

基层组织中的战斗堡垒,是党的全部工作和战斗力的基础",并且明确了党的基层组织的八项基本任务。

(一)实现党的基层组织全覆盖

要严密纵向到底、横向到边的组织架构,做到企业、农村、机关、学校、医院、科研院所、街道社区、社会组织、人民解放军连队和其他基层单位党建全覆盖,切实增强党的组织和党的工作覆盖的有效性。增强街道党组织统筹协调功能,强化社区物业党建联建,深化社区网格化管理,加强社区党群服务中心体系功能建设,提升基层党建引领基层治理效能。在农村,要加快构建党组织领导的乡村治理体系,深入推进抓党建促乡村振兴。对于新兴产业和新社会组织,要探索加强产业链、供应链、创新链党建工作,切实把经济社会发展中最活跃的组织和人群团结凝聚在党的周围,把严密党的组织体系和扩大党与群众的联系统一起来,不断增强党的政治领导力、思想引领力、群众组织力、社会号召力。统筹推进各层级各领域基层党组织建设,确保党的全面领导落实到基层。

 权威声音

习近平(中共中央总书记、国家主席、中央军委主席):党的中央组织、地方组织、基层组织都坚强有力、充分发挥作用,党的组织体系的优势和威力才能充分体现出来。只有党的各级组织都健全、都过硬,形成上下贯通、执行有力的严密组织体系,党的领导才能"如身使臂,如臂使指"。

（二）增强党组织政治功能和组织功能

各级党组织要充分发挥政治优势、组织优势和密切联系群众优势，履行党章赋予的各项职责，把各领域广大群众组织凝聚好。坚持大抓基层的鲜明导向，推进以党建引领基层治理，持续整顿软弱涣散基层党组织，把基层党组织建设成为有效实现党的领导的坚强战斗堡垒。推进国有企业、金融企业在完善公司治理中加强党的领导，加强混合所有制企业、非公有制企业党建工作，理顺行业协会、学会、商会党建工作管理体制。加强新经济组织、新社会组织、新就业群体党的建设。注重从青年和产业工人、农民、知识分子中发展党员。

（三）切实加强党员教育

在党内集中教育和日常教育工作中，要重视引导党员深刻把握党的创新理论的形成过程、指导意义、理论精髓，掌握蕴含在其中的世界观和方法论。要继续重视党史教育的作用，学史明理、学史增信、学史崇德、学史力行，增强信念的坚定和行动的自觉。加强和改进党员特别是流动党员教育。落实党内民主制度，保障党员权利，激励党员发挥先锋模范作用。学习要紧密结合工作，突出问题导向，突出斗争精神的培养，提高解决问题的能力，促进党员干部特别是领导干部带头深入调查研究，扑下身子干实事、谋实招、求实效。丰富组织生

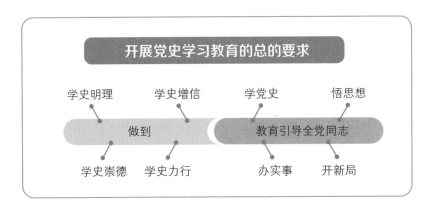

开展党史学习教育的总的要求

学史明理　　学史增信　　学党史　　悟思想

做到　　　　教育引导全党同志

学史崇德　学史力行　　　办实事　　开新局

活形式，将组织生活与工作学习实践结合起来，增强解决问题的能力，提高学习的积极性、主动性。

（四）切实加强党员管理

严肃稳妥处置不合格党员，保持党员队伍先进性和纯洁性。把好发展入口关，把真正优秀的先进分子吸收到党内。强化对党员日常的管理，引导党员在本职岗位上创先争优，努力在平凡的工作中作出不平凡的成绩。同时要加强监督，严格组织生活，监督党员干部自觉履行义务。锲而不舍落实中央八项规定精神，持续深化纠治"四风"，集中治理一些党员庸、懒、散、慢、拖等不作为、乱作为的问题。把握作风建设地区性、行业性、阶段性特点，抓住普遍发生、反复出现的问题深化整治，推进作风建设常态化长效化。推动基层党组织书记履行好"第一责任人"的职责。

第九讲

踔厉奋发勇斗争
——关于党的干部

二十大党章总纲要求，坚持和加强党的全面领导，以伟大自我革命引领伟大社会革命，着力培养忠诚干净担当的高素质干部，着力集聚爱国奉献的各方面优秀人才，坚持德才兼备、以德为先、任人唯贤，为坚持和加强党的全面领导、坚持和发展中国特色社会主义提供坚强组织保证。在第六章"党的干部"部分，要求"正确行使人民赋予的权力，坚持原则，依法办事，清正廉洁，勤政为民，以身作则，艰苦朴素，密切联系群众，坚持党的群众路线，自觉地接受党和群众的批评和监督，加强道德修养，讲党性、重品行、作表率，做到自重、自省、自警、自励，反对形式主义、官僚主义、享乐主义和奢靡之风"，增写"反对特权思想和特权现象"，要求"反对任何滥用职权、谋求私利的行为"。着力建设堪当民族复兴重任的高素质干部队伍，对于全面推进新时代党的建设新的伟大工程、全面建成社会主义现代化强国、实现第二个百年奋斗目标，以中国式现代化全面推进中华民族伟大复兴，具有极其重要的意义。

一、新程克艰靠铁军

进行具有许多新的历史特点的伟大斗争，在新时代新征程应变局、育新机、开新局、谋复兴，关键是把党的各级领导班子和干部队伍建设好、建设强。提升党的长期执政能力，永葆自我革命精神，必须发挥好"关键少数"的重要作用。各级领导干部作为"关键少数"，身处重要岗位、肩负重要责任，是推动党和国家事业发展的关键。要把党建设好，发扬自我革命精神，必须从"关键少数"抓起、抓好。

（一）实现第二个百年奋斗目标的需要

党的十八大以来的 10 年是党和国家发展进程中极不寻常、极不平凡的 10 年。党中央统筹中华民族伟大复兴战略全局和世界百年未有之大变局，就党和国家事业发展作出重大战略部署，团结带领全党全军全国各族人民有效应对严峻复杂的国际形势和接踵而至的巨大风险挑战，以奋发有为的精神把新时代中国特色社会主义不断推向前进，取得彪炳中华民族发展史册的历史性胜利、对世界具有深远影响的历史性胜利。迈上全面建设社会主义现代化国家新征程，实现第二个百年奋斗目标，实现中华民族伟大复兴中国梦，迫切需要建设一支忠诚拥护"两个确立"、增强"四个意识"、坚定"四个自信"、做到"两个维护"、全心全意为人民服务的高素质干部队伍。

 权威声音

习近平（中共中央总书记、国家主席、中央军委主席）：选人用人必须把好政治关，把是否忠诚于党和人民，是否具有坚定理想信念，是否增强"四个意识"、坚定"四个自信"，是否坚决维护党中央权威和集中统一领导，是否全面贯彻执行党的理论和路线方针政策，作为衡量干部的第一标准。

（二）应对新挑战、面对新考验的需要

今天，实现中华民族伟大复兴进入了不可逆转的历史进程，但民族复兴不可能一帆风顺，新的赶考之路，充满可以预测、难以预测的风险和困难，甚至是惊涛骇浪。习近平总书记要求广大党员、干部必须增强忧患意识、始终居安思危，深刻认识错综复杂的国际环境带来的新矛盾新挑战，勇敢面对党面临的执政考验、改革开放考验、市场经济考验、外部环境考验，坚决战胜精神懈怠的危险、能力不足的危险、脱离群众的危险、消极腐败的危险。不为任何风险所惧，不为任何干扰所惑，敢于斗争，善于斗争，增强斗争本领，以咬定青山不放松的执着奋力实现既定目标，以行百里者半九十的清醒不懈推进中华民族伟大复兴。

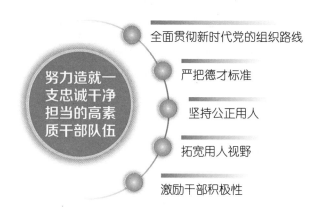

努力造就一支忠诚干净担当的高素质干部队伍

- 全面贯彻新时代党的组织路线
- 严把德才标准
- 坚持公正用人
- 拓宽用人视野
- 激励干部积极性

（三）以自我革命精神锻造始终走在时代前列的马克思主义执政党的需要

习近平总书记指出："自从党成立以来，我们党面临的最大风险是内部变质、变色、变味，丧失马克思主义政党的政治本色，背离党的宗旨而失去最广大人民支持和拥护。"要防范这一最大风险，需要党的干部坚定理想信念，牢记初心使命，始终保持先进性和纯洁性。要清醒地看到，在长期执政条件下，各种弱化党的先进性、损害党的纯洁性的因素无时不有，各种违背初心和使命、动摇党的根基的危险无处不在，"四大考验""四种危险"依然复杂严峻，自我革命稍有懈怠，就会上演自毁长城的历史悲剧。新征程上，必须通过伟大自我革命的实际行动回答"窑洞之问"，锻造一支忠诚于党、忠诚于人民、忠诚于事业的高素质干部队伍。

二、堪当重任志复兴

"努力成为可堪大用、能担重任的栋梁之才。"这是习近平总书记在 2021 年秋季学期中央党校（国家行政学院）中青年干部培训班开班式上对中青年干部提出的期望，也是对全党干部提出的要求。

（一）信念坚定、对党忠诚

理想信念是中国共产党人的精神支柱和政治灵魂，也是保持党的团结统一的思想基础。我们党成立 100 多年来，始终保持崇高理想和坚定信念。这个理想信念，就是马克思主义信仰、共产主义远大理想和中国特色社会主义共同理想。理想信念坚定才能对党忠诚，对党忠诚是对理想信念坚定的最好诠释。新时代新征程，党员干部要坚决

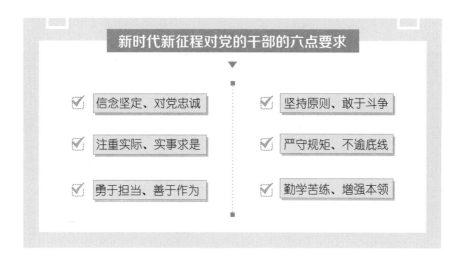

维护习近平同志党中央的核心、全党的核心地位，坚决维护党中央权威和集中统一领导，自觉在思想上政治上行动上同党中央保持高度一致；坚持党和人民事业高于一切，不折不扣把党中央决策部署落到实处；严守党的政治纪律和政治规矩，自觉做政治上的明白人、老实人。

（二）注重实际、实事求是

坚持一切从实际出发，是我们想问题、作决策、办事情的出发点和落脚点。毛泽东早就指出："按照实际情况决定工作方针，这是一切共产党员所必须牢牢记住的最基本的工作方法。我们所犯的错误，研究其发生的原因，都是由于我们离开了当时当地的实际情况，主观地决定自己的工作方针。"党的十八大之后，习近平总书记明确提出"严以修身、严以用权、严以律己，谋事要实、创业要实、做人要实"，并在全党开展了专题教育，其目的也在于此，要持之以恒贯彻落实好。要眼睛向下、脚步向下，经常扑下身子、沉到一线，真正把情况摸实摸透。既要"身入"基层，更要"心到"基层，不能搞作秀式调研、盆景式调研、蜻蜓点水式调研，"无实事求是之意，有哗众取宠之心"是不行的。这就是严重的形式主义、官僚主义。

**践行"三严三实"，做新时代忠诚干净担当的
高素质专业化干部**

严以修身

严以用权　　　　"三严三实"

严以律己

谋事要实

创业要实

做人要实

坚持从实际出发、实事求是，不只是思想方法问题，也是党性强不强问题。党的干部要坚持以党性立身做事，把说老实话、办老实事、做老实人作为党性修养和锻炼的重要内容，敢于坚持真理，善于独立思考，坚持求真务实。做人老实不是愚钝，做事踏实不会吃亏。对党不忠诚，做人不老实，就会生出取巧之心，就会去搞拉关系、走门路、权钱交易等投机钻营那一套，最终会聪明反被聪明误。

（三）勇于担当、善于作为

干事担事，是干部的职责所在，也是价值所在。担当和作为是一体的，不作为就是不担当，有作为就要有担当。做事要有魄力，为官要有担当。只有豁得出去、敢闯敢干，真刀真枪干，矛盾和困难才可能得到解决。正所谓"苟利国家生死以，岂因祸福避趋之"。凡是有利于党和人民的事，我们就要事不避难、义不逃责，大胆地干、坚决地干，决不能坐而论道、光说不练。要干事，要改革，要解决矛盾，有些争议乃至责难是难免的，如果认准了做的事是对的，实践也证明是对的，哪怕背黑锅、遭骂名也义无反顾，同时要最大程度争取理解和支持。对待不同声音，如果别人的批评有合理之处，就要虚心接受、积极改进，使工作方案和政策措施更科学更完善。

（四）坚持原则、敢于斗争

真正的共产党人一定要坚持原则，这是党员干部应有的重要品格，是衡量一个干部是否称职的重要标准。一些干部当老好人，对政治原则问题不敢表态，对大是大非问题避而远之，对一些不良现象听之任之，说话办事看来头、随风倒，这些同党性原则是背道而驰的，必须坚决纠正。共产党人讲党性、讲原则，就要讲斗争。在原则问题上决不能含糊、决不能退让，否则就是对党和人民不负责任，甚至是犯罪。当前，世界百年未有之大变局加速演进，中华民族伟大复兴进入关键时期，斗争无时不在、无处不有。我们面临的风险挑战明显增多，共产党人任何时候都要有不信邪、不怕鬼、不怕压的志气、骨气、底气。

（五）严守规矩、不逾底线

党的干部一定要知敬畏、存戒惧、守底线，敬畏党、敬畏人民、敬畏法纪。讲规矩、守底线，首先要有敬畏心。古人讲："畏则不敢肆而德以成，无畏则从其所欲而及于祸。"不能在自欺欺人中乱了心智，不能在"你知我知天知地知"的花言巧语中迷了方向，不能在"富贵险中求"的侥幸心理中铤而走险，不能在"法不责众"的错误认识中恣意妄为。党员干部要把世界观、人生观、价值观的总开关拧紧了，提高思想觉悟、升华精神境界，严以修身，清廉自守，实现从不敢腐、不能腐、不想腐。我们共产党人为的是大公、守的是大义、求的是大我，更要正心明道、怀德自重，始终把党和人民放在心中最高位置，做一个一心为公、一身正气、一尘不染的人。

（六）勤学苦练、增强本领

"褚小者不可以怀大，绠短者不可以汲深。"我们处在前所未有的变革时代，干着前无古人的伟大事业，如果知识不够、眼界不宽、能力不强，就会耽误事。党的干部要结合工作需要学习，要学习马克思主义理论特别是新时代党的创新理论，学习党的历史，学习经济、政治、法律、文化、社会、管理、生态、国际等各方面基础性知识，学习同做好本职工作相关的新知识新技能，不断完善履职尽责必备的知识体系。坚持在干中学、学中干，在斗争实践中不断增强带领群众斗争的本领。领导干部必须掌握了解群众、发动群众、组织群众、服务群众、协调关系和化解矛盾的方法，坚持用党的科学理论武装群众，用党的理想信念凝聚群众，倾听群众呼声，想群众之所想，急群众之

**党的干部要
不断完善履职尽责必备的知识体系**

01 学习马克思主义理论特别是新时代党的创新理论

02 学习党史、新中国史、改革开放史、社会主义发展史

03 学习经济、政治、法律、文化、社会、管理、生态、国际等各方面基础性知识

04 学习同做好本职工作相关的新知识新技能

所急，把握群众期待，积极回应群众关切，整合和凝聚群众力量。及时发现各种倾向性的苗头问题，掌握群众思想脉动，理顺群众情绪，确保社会稳定。

三、敢于斗争砺精神

过去 100 多年，中国共产党进行了一场又一场气壮山河的伟大斗争，向人民、向历史交出了一份优异的答卷。立足全面建设社会主义现代化国家的历史节点，我们党团结带领中国人民又踏上了实现第二个百年奋斗目标新的赶考之路。习近平总书记强调："坚定担当责任，不断增强进行伟大斗争的意志和本领。"二十大党章总纲第九自然段增写了"发扬斗争精神，增强斗争本领"，第二十六自然段提出新要求"必须提高政治判断力、政治领悟力、政治执行力，增强贯彻落实党的理论和路线方针政策的自觉性和坚定性"。未来的长征"路程更长，工作更伟大，更艰苦"，必须不断增强进行伟大斗争的意志和本领，奋力谱写新时代新征程的壮丽史诗。

（一）敢于斗争是党的优良传统

100多年前，中国共产党的先驱们创建了中国共产党，形成了
"坚持真理、坚守理想，践行初心、担当使命，不怕牺牲、英勇斗争，
对党忠诚、不负人民"的伟大建党精神，敢于斗争是中国共产党与生
俱来的"斗争"属性，永葆斗争精神是我们党的宝贵精神财富和鲜明
精神标识。习近平总书记指出："我们党诞生于国家内忧外患、民族
危难之时，一出生就铭刻着斗争的烙印"。100多年来，在革命、建
设、改革和中国特色社会主义进入新时代的不同历史阶段，我们党始
终保持着敢于斗争、勇于斗争的政治品格。中国共产党在斗争中诞
生、发展、壮大，敢于斗争、敢于胜利是中国共产党不可战胜的强大
精神力量和克敌制胜的重要法宝。

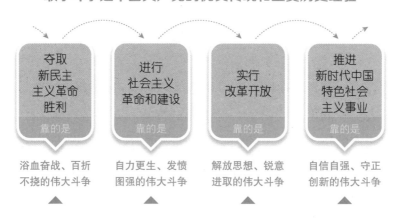

敢于斗争是中国共产党的优良传统和宝贵历史经验

（二）敢于斗争彰显新时代中国共产党人的鲜明品格

新时代中国共产党人坚持敢于斗争，统筹国内国际两个大局，统
揽"四个伟大"，统筹发展和安全，投身党和国家事业发展一系列重
大问题的斗争实践，以伟大的历史主动精神、巨大的政治勇气、强烈

的责任担当集中体现了我们党敢于斗争、敢于胜利的决心与勇气，回答了新时代"为谁斗争""靠谁斗争""如何斗争"等重大命题，取得了历史性成就、发生了历史性变革，彰显了当代共产党人敢于斗争的精神风貌，彰显了新时代共产党人的鲜明品格。

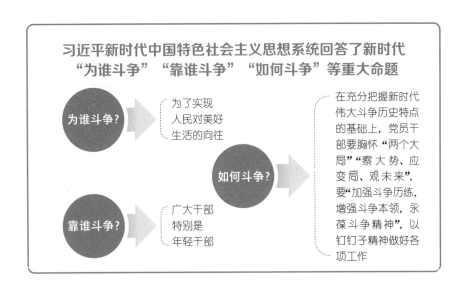

（三）敢于斗争是实现中华民族伟大复兴的强大精神动力

新时代，我们党正在进行具有许多新的历史特点的伟大斗争。这场伟大斗争的长期性、复杂性、艰巨性前所未有，更需要我们发扬斗争精神、提高斗争本领。习近平总书记强调，"只有全党继续发扬担当和斗争精神，才能实现中华民族伟大复兴的宏伟目标"，因为中华民族伟大复兴绝不是轻轻松松、顺顺当当就能实现的，我们越发展壮大，遇到的阻力和压力就会越大，要求我们必须敢于斗争、善于斗争。在把握历史主动中进行伟大斗争，依靠伟大斗争实现伟大梦想。

深阅读

　　新时代伟大斗争的对象范围将国际国内所需解决的各种矛盾和风险都囊括其中，包括国家治理事务的所有重要方面，既涉及政治问题，也涉及经济问题，还涉及社会问题。新时代的斗争是一种综合斗争，斗争内容、形式和策略更为多样。在管党治党方面，进行了反腐倡廉、扫黑除恶等斗争，提出"'老虎'、'苍蝇'一起打""全覆盖""无禁区""零容忍""扎紧制度笼子"等。在全面建成小康社会方面，针对扶贫的粗放性，提出了精准扶贫。在国际关系上，提出了"在斗争中争取团结，在斗争中谋求合作，在斗争中争取共赢"的策略。

　　（摘编自《新时代中国共产党斗争精神的内涵》，《中国青年报》2022年3月8日，作者：汪永涛）

四、善于斗争赢主动

　　新时代新征程，我们不仅要敢于斗争，而且必须善于斗争，才能取得伟大斗争的胜利。

（一）增强忧患意识

　　要战胜前进道路上的各种风险挑战，斗争精神不可或缺。要坚决防止和克服不敢斗争、不愿斗争、不会斗争的状况，以越是艰险越向前的精神奋勇搏击、迎难而上。要强化忧患意识和底线思维，深刻把握斗争长期性、艰巨性、复杂性，做到安不忘危、存不忘亡、乐不忘忧。既要高度警惕和防范自己所负责领域内的重大风险，也要密切关注全局性重大风险，以斗争精神应对好每一场风险和挑战，不断增强斗争意志和斗争信心，锤炼不畏强敌、不惧风险、敢于斗争、敢于胜利的风骨和品质。

（二）把准斗争方向

新时代中国共产党人，首要的一条就是要把准斗争的大方向。习近平总书记指出："大方向就是坚持中国共产党领导和我国社会主义制度不动摇。凡是危害中国共产党领导和我国社会主义制度的各种风险挑战，凡是危害我国主权、安全、发展利益的各种风险挑战，凡是危害我国核心利益和重大原则的各种风险挑战，凡是危害我国人民根本利益的各种风险挑战，凡是危害我国实现'两个一百年'奋斗目标、实现中华民族伟大复兴的各种风险挑战，只要来了，我们就必须进行坚决斗争，而且必须取得斗争胜利。"

延伸问答

问：二十大党章为什么增写发扬斗争精神和增强斗争本领方面的内容？

答：二十大党章增写发扬斗争精神和增强斗争本领的内容，可以推动全体党员增强忧患意识，保持底线思维，依靠顽强的斗志在全面建设社会主义现代化国家新征程中建功立业。第一，坚持敢于斗争是我们党百年奋斗的宝贵历史经验。斗争精神是贯穿党史的一条主线。第二，坚持敢于斗争是完成我们党的中心任务的必然要求。第三，有利于激励党员的斗争精神、增强斗争意志、提高斗争本领。

（三）提升斗争本领

党的二十大报告要求，加强干部斗争精神和斗争本领养成，着力增强防风险、迎挑战、抗打压能力，带头担当作为，做到平常时候看得出来、关键时刻站得出来、危难关头豁得出来。习近平总书记在2021年春季学期中央党校（国家行政学院）中青年干部培训班开班式上的讲话中指出，年轻干部要自觉加强斗争历练，在斗争中学会斗争，在斗争中成长提高，努力成为敢于斗争、善于斗争的勇士。习近平总书记在2019年秋季学期中央党校（国家行政学院）中青年干部培训班开班式上的讲话中强调，要注重策略方法，讲求斗争艺术。抓住主要矛盾和矛盾的主要方面，在原则问题上寸步不让，在策略问题上灵活机动。要加强战略谋划，把握大势大局，分清轻重缓急，增强"准确识变、科学应变、主动求变"的斗争本领，牢牢掌握斗争主动权，与困难角力、与阻力对垒，把"不可能"变成"一定能"。

（四）勇于冲锋陷阵

党的干部作为"关键少数"，必须率先冲锋陷阵，带动更多的人投身到伟大斗争中来。领导干部要经受严格的思想淬炼、政治历练、实践锻炼，在复杂严峻的斗争中经风雨、见世面、壮筋骨，真正锻造成为烈火真金。越是困难大、矛盾多的地方，越是形势严峻、情况复杂的时候，越要冲在前面。要向以习近平同志为核心的党中央看齐，迎难而上、敢打敢冲，带动广大党员干部群众放心大胆地投入伟大斗争的壮阔实践，不断创造无愧于新时代、无愧于党和人民的光辉业绩。

第十讲

打铁必须自身硬
——关于党的纪律和纪律检查机关

 激浊扬清万象新

 严守规矩增党性

 驰而不息治顽疾

 "三不一体"零容忍

二十大党章第七章"党的纪律"第三十九条明确规定："党的纪律是党的各级组织和全体党员必须遵守的行为规则，是维护党的团结统一、完成党的任务的保证。党组织必须严格执行和维护党的纪律，共产党员必须自觉接受党的纪律的约束。"并规定了党的纪律的种类，违反纪律的处理原则、方式、种类。党章第八章第四十六条规定了各级纪律检查机关的主要任务是："维护党的章程和其他党内法规，检查党的路线、方针、政策和决议的执行情况，协助党的委员会推进全面从严治党、加强党风建设和组织协调反腐败工作，推动完善党和国家监督体系。""党的各级纪律检查委员会的职责是监督、执纪、问责"。贯彻二十大精神，学习、遵守、贯彻党章，党员、干部必须高度重视学习党章，严格遵守党章，做遵守党的纪律的模范。党的纪律检查机关要坚持以严的基调强化正风肃纪，锲而不舍落实中央八项规定精神，持续深化纠治"四风"，重点纠治形式主义、官僚主义，坚决反对特权思想和特权现象。坚决打赢反腐败斗争攻坚战持久战。这对党的纪律建设和反腐败斗争提出新要求。

一、激浊扬清万象新

进入新时代，以习近平同志为核心的党中央从制定执行中央八项规定切入整饬作风，以雷霆万钧之势推进反腐败斗争，一些过去被认为不可能刹住的歪风被刹住，一些司空见惯的顽瘴痼疾被攻克。激荡清风正气、凝聚党心民心，为党和国家各项事业发展提供了坚强保障。

（一）清风激荡新时代

党的十八大结束后不久，党中央决定从中央政治局抓起，通过中央政治局关于改进工作作风、密切联系群众的八项规定。每次中央全会、中央纪委全会等重要会议，都对作风建设提出明确要求；接续开展的党内集中教育，都把贯彻落实中央八项规定精神、加强作风建设作为重要内容。每年的中央政治局民主生活会，都对照检查执行中央八项规定的情况，开展批评和自我批评；十九届中央政治局第一次

实施十年来，中央八项规定成为改变中国政治生态和 社会面貌的标志性举措

党的十八大以来，共查处违反中央八项规定问题76.1万多件

党中央率先垂范	在践行初心使命上坚持最高标准，在坚持执行中央八项规定及其细则上坚守最严格要求。党的十八大以来，共查处违反中央八项规定精神问题的中管干部265人
踏石留印、抓铁有痕	从严格公款送月饼、送节礼、公款吃喝旅游问题入手。中纪委、国家监委连续108个月每月通报查处违反中央八项规定问题，典型问题还要指名道姓通报曝光
集中整治形式主义、官僚主义	党的十九大以来，全国纪检监察机关共查处形式主义、官僚主义问题28.2万多件
坚持为了群众、依靠群众	党的十九大以来，共查处贪污侵占、优亲厚友、雁过拔毛等问题34.7万多件，同时拓宽群众监督渠道，开通"四风"随手拍、举报一键通，织密群众监督网
纠"四风"、树新风并举	健全常态化长效化工作机制，引导社会风气向上向善。中央八项规定已经成为新时代共产党人的金色名片

数据来源：中央纪委国家监委

会议，又审议通过《中共中央政治局贯彻落实中央八项规定的实施细则》，细化完善、提出更高要求。新时代十年，党风政风引领社风民风，人民群众成为作风建设的参与者和受益者。

（二）纪律建设见成效

加强纪律建设是全面从严治党的治本之策。新时代党的建设总要求把纪律建设纳入党的建设总体布局，以严明的纪律管全党治全党，从根本上扭转了管党治党宽松软的状况，推动全面从严治党向纵深发展。2016年10月27日通过的《中国共产党党内监督条例》，重点解决党的领导弱化、党的建设缺失、全面从严治党不力等问题。2018年8月发布新修订的《中国共产党纪律处分条例》着力提高纪律建设的政治性、时代性、针对性。2019年2月公布的《中共中央关于加强党的政治建设的意见》对新时代加强党的政治建设提出新的要求……党中央出台一系列制度规定，为加强新时代党的政治建设指明了方向。十年来，纪检监察机关始终抓牢政治纪律这个最根本、最重要的纪律，自觉担负起"两个维护"的特殊使命和重大责任，强化政治监督，党中央权威和集中统一领导得到有力保证，全党在政治立场、政治方向、政治原则、政治道路上同党中央保持高度一致。

（三）深化纠风不放松

党的十九大以来，以习近平同志为核心的党中央作出决策部署，整治形式主义、官僚主义顽瘴痼疾，持续为基层减负，建立中央层面专项工作机制，一年接着一年抓，充分彰显了党中央驰而不息推进作风建设的决心意志。各级纪检监察机关把整治加重基层负担的形式主义、官僚主义作为深化纠治"四风"的重要内容，集中开展整治。紧扣"国之大者"，坚决整治在贯彻落实中重形式、轻实效，作选择、打折扣，脱离实际、作风漂浮等问题。紧盯老问题、新表现，指导推动各级纪检监察机关加强研判、严肃处理、通报曝光，强化震慑。

（四）壮士断腕反腐败

新形势下，我们党面临着许多严峻挑战，党内存在着许多亟待解决的问题。尤其是一些党员干部中发生的贪污腐败、脱离群众、形式主义、官僚主义等问题，必须下大气力解决。全党必须警醒起来。打铁必须自身硬。习近平总书记以旗帜鲜明的立场和勇毅决绝的意志掌舵领航，开展壮士断腕式反腐败。"打虎""拍蝇""猎狐"，反腐败斗争不断向纵深推进，反腐败斗争取得压倒性胜利并全面巩固。在以习近平同志为核心的党中央坚强领导下，党风廉政建设和反腐败斗争真正做到了"抓铁有痕、踏石留印"。在党的二十大上，习近平总书

党的十八大以来，"打虎""拍蝇""猎狐"多管齐下，反腐败斗争取得压倒性胜利并全面巩固

 "打虎"无禁区

党的十八大以来，截至 2022 年 10 月
立案审查调查 553 名中管干部

"拍蝇"不手软

截至 2022 年 10 月
全国纪检监察机关总共查处涉及教育医疗、养老社保、执法司法等民生领域的腐败和作风问题 65 万多件，一大批群众身边的"蝇贪""蛀虫"被查处

"猎狐"不止步

党的十九大以来，截至 2022 年 9 月
"天网行动"共追回外逃人员 6900 人
追回赃款 327.86 亿元
"百名红通人员"已有 61 人归案

数据来源：中央纪委国家监委、央视新闻客户端、《人民日报》

记继续强调："腐败是危害党的生命力和战斗力的最大毒瘤，反腐败是最彻底的自我革命。只要存在腐败问题产生的土壤和条件，反腐败斗争就一刻不能停，必须永远吹冲锋号。坚持不敢腐、不能腐、不想腐一体推进……以零容忍态度反腐惩恶……决不姑息。"

（五）反腐倡廉惠民生

习近平总书记在十八届中央纪委六次全会上指出："推动全面从严治党向基层延伸。""对基层贪腐以及执法不公等问题，要认真纠正和严肃查处，维护群众切身利益，让群众更多感受到反腐倡廉的实际成果。"新时代十年来，纪检监察机关坚持人民至上，以民心所向为工作导向，抓住群众普遍关注、反映强烈和反复出现的问题，持续纠治教育医疗、养老社保、扶贫环保等领域腐败和不正之风，坚决惩处涉黑涉恶"保护伞"，坚决斩断伸向群众利益的"黑手"。一个个案件、一次次整治，把工作落脚点放在增强群众获得感、幸福感、安全感上，让群众从一个个具体问题的解决中切实感受到正风肃纪反腐就在身边，感受到公平正义就在身边。2020年，95.8%的群众对全面从严治党、遏制腐败充满信心，2022年这一数据达到97.4%。

二、严守规矩增党性

新时代新征程，全党必须牢记，全面从严治党永远在路上，党的自我革命永远在路上，决不能有松劲歇脚、疲劳厌战的情绪，必须持之以恒推进全面从严治党，深入推进新时代党的建设新的伟大工程，以党的自我革命引领社会革命，确保全党在政治立场、政治方向、政治原则、政治道路上同党中央保持高度一致，确保党的团结统一。严格遵守党的纪律，是持之以恒推进全面从严治党的必然要求。

（一）拥护"两个确立"，严守政治规矩

以政治建设为统领，加强党的纪律建设，大力开展反腐败斗争，是新时代党的建设的新要求，也是新时代取得一系列管党治党新成效的经验。新征程持之以恒推进全面从严治党，就要继续加大政治建设、纪律建设力度，要求党员干部坚决拥护"两个确立"，进一步增强"四个意识"、坚定"四个自信"、做到"两个维护"，始终在政治立场、政治方向、政治原则、政治道路上同以习近平同志为核心的党中央保持高度一致。各级党委（党组）要全面夯实主体责任，书记履行第一责任人职责，班子其他成员落实"一岗双责"，纪检监察机关履行协助职责和监督责任。党员干部要恪守"五个必须"、杜绝"七个有之"，始终做到对党襟怀坦白、表里如一。严明政治纪律和政治规矩，始终把讲政治摆在第一位，不断提高政治判断力、政治领悟力、政治执行力。增强党内政治生活政治性、时代性、原则性、战斗性，用好批评和自我批评武器，持续净化党内政治生态。

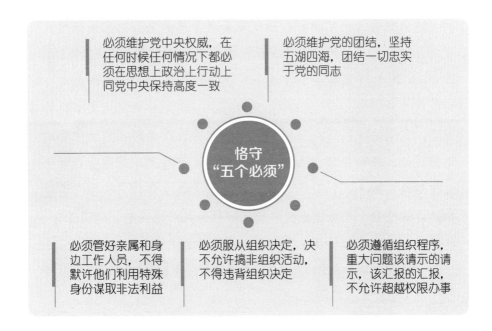

（二）增强党性，做严守政治纪律的表率

严守党的政治纪律，对于巩固党的团结统一，保持党的先进性和纯洁性，增强党的凝聚力和战斗力，保证党的路线方针政策和决策部署的贯彻落实至关重要。党员干部要增强党性，做严守政治纪律的表率。要加强学习，打牢严守政治纪律的思想根基。深入学习习近平新时代中国特色社会主义思想和党的二十大精神，确保完整、准确、全面贯彻新发展理念。要把握新发展阶段、贯彻新发展理念、构建新发展格局、推动高质量发展，扎扎实实贯彻党中央决策部署，确保执行不偏向、不变通、不走样。

加强自律，把严守政治纪律体现在工作和生活的各个方面。党的政治纪律是党的组织纪律、廉洁纪律、群众纪律、工作纪律、生活纪律的基础，而党的组织纪律、廉洁纪律、群众纪律、工作纪律、生活

深阅读

遵守党的政治纪律和政治规矩是遵守党的全部纪律规矩的重要前提和基础。我们党对党员政治要求是一以贯之的，从1921年7月《中国共产党第一个决议》作出"任何出版物，无论是中央的或地方的，均不得刊登违背党的原则、政策和决议的文章"的规定，到党的十八大以来强调把政治纪律和政治规矩作为首要的纪律规矩，政治纪律作为首要的管总的纪律得到不断强化。百年纪律建设实践表明，只有把维护政治纪律放在首位，抓住党的纪律建设的根本，才能促进党风政风和社会风气的好转，保证革命、建设、改革开放和社会主义现代化建设顺利进行。

（摘编自《百年来党的纪律建设的成就与经验》，《党建研究》2021年第9期，作者：蒋来用）

纪律又体现和反映着党的政治纪律。不遵守党在其他方面的纪律，严守政治纪律就会变成一句空话。因此，党员干部特别是领导干部必须加强自律，把严守党的政治纪律体现在工作和生活的各个方面，自觉做政治上的明白人、遵规守纪的老实人。

（三）加强道德修养，坚决反对特权思想和特权现象

严守政治纪律和政治规矩，时刻严格要求自己，明大德，守公德，严私德，手握戒尺、心存敬畏，带头践行社会主义核心价值观，带头执行廉洁自律准则，坚决反对特权思想和特权现象，注重家庭、家教、家风，管好亲属和身边工作人员，绝不允许其擅权干政、谋取私利，绝不纵容其影响政策制定和人事安排、干预正常工作运行；绝不默许其利用特殊身份谋取非法利益。增强自我净化能力，净化"生活圈"，培养高雅情操，加强文化修养，培养积极、健康向上的生活情趣，养成良好的生活作风。自觉抵御诱惑、修身律己。慎交友、交好友，要耐得住寂寞、守得住清贫、经得住诱惑、拒得住腐蚀。

聚焦解决思想根子问题，认真学习党章党规，强化政治之训、党

延伸问答

问：二十大党章将"反对特权思想和特权现象"纳入干部的基本条件的重要意义是什么？

答：二十大党章将"反对特权思想和特权现象"纳入干部的基本条件，充分体现了中国共产党坚持"两个先锋队"性质和全心全意为人民服务的根本宗旨，坚守为人民谋幸福、为民族谋复兴的初心和使命，永葆马克思主义政党本色的高度政治自觉，为建设一支忠诚干净担当的干部队伍指明了方向。

性之训、规矩之训，始终绷紧政治纪律和政治规矩这根弦，深刻认识到严守政治纪律和政治规矩，是我们党经受"四大考验"、抵御"四种危险"的必然要求，是一以贯之推进全面从严治党的关键所在，是对党员干部党性的重要考验和对党忠诚度的重要检验，从而让政治纪律和政治规矩在头脑中立起来，真正成为从政之绳、工作之纲、人生之镜，确保全党统一意志、统一行动、步调一致向前进。

三、驰而不息治顽疾

贯彻党的二十大精神，根治形式主义、官僚主义"顽疾"，打好作风建设"攻坚战"，是一项复杂的系统工程，必须运用系统思维，构建多维度的形式主义、官僚主义治理体系。

（一）加强教育宣传，提高思想觉悟

问题在表面，根源在思想，只有思想上高度重视，才能在行动中抓牢落实。抓好教育宣传，是防止形式主义、官僚主义的治本之策。各级党组织要认真开展习近平新时代中国特色社会主义思想和党的二十大精神学习，坚持以人民为中心的发展思想，深刻认识形式主义、官僚主义的危害，克服主观主义、功利主义、责任心缺失、官本位思想、权力观扭曲等问题，不把做官、保官、升官当作个人追求。在学用结合中增强党性修养，树立正确的政绩观，通过坚持不懈的正确政绩观教育，通过先进典型教育和反面警示教育等多种教育形式，教育党员干部牢记党的宗旨，实实在在为人民服务。

（二）领导干部带头，发挥榜样作用

抓作风建设，就必须抓好领导干部这个"关键少数"。以"关键

习近平（中共中央总书记、国家主席、中央军委主席）：形式主义、官僚主义是党和国家事业发展的大敌。要从领导干部特别是主要领导干部抓起，树立正确政绩观，尊重客观实际和群众需求，强化系统思维和科学谋划，多做为民造福的实事好事，杜绝装样子、搞花架子、盲目铺摊子。要落实干部考核、工作检查相关制度，科学评价干部政绩，促进干部更好担当作为。

少数"的自我革命，形成上行下效、转变作风的良好氛围。领导干部要以身作则、率先垂范，形成层层落实责任、层层传导压力的浓厚氛围。引导广大党员干部特别是领导干部大力弘扬"踏石留印、抓铁有痕"的实干精神和求真务实、真抓实干的优良作风，统筹推进疫情防控和经济社会发展工作，勇于担当，遇事敢出头，工作敢带头，问题抓苗头，实干不滑头，切实展现共产党人实干兴邦的担当。

（三）强化执纪问责，用好问责利器

用好问责利器，把纪律挺在前面，加强督查检查，深挖细查形式主义、官僚主义问题，对发现的问题线索实施"一案双查"，严肃问责，让纪律成为"带电的高压线"。要始终高悬问责利剑，严肃查处突出问题。要综合运用多种监督方式，进一步加大监督查处力度，常态化通报曝光形式主义、官僚主义典型案例，对不切实际、摆花架子、劳民伤财、失察失管、失职渎职等形式主义、官僚主义行为，要发现一起，查处一起，问责一起，决不手软，形成持续震慑。对不知敬畏、空泛表态、敷衍塞责、弄虚作假、阳奉阴违等问题，对思想不重视、措施不得力、效果不明显，甚至"走过场""做虚功"等以形

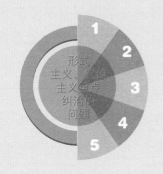

党的十九大以来，集中整治形式主义、官僚主义问题情况

形式主义、官僚主义重点纠治的问题

1. 贯彻党中央决策部署表态调门高、口号喊得响、行动不落实

2. 与党中央决策部署背道而驰、南辕北辙

3. 文山会海

4. 检查过多过于频繁

5. 过度留痕

党的十九大以来，截至2022年8月底，全国纪检监察机关共查处形式主义、官僚主义问题27.3万个，批评教育帮助和处理41万人，其中给予党纪政务处分24.3万人

数据来源：中央纪委国家监委

式主义整治形式主义的，要坚决加以纠正，对造成不良后果的要严肃追究责任。

（四）健全完善制度，建立长效机制

形式主义、官僚主义积弊甚深，根治形式主义、官僚主义，既要打好攻坚战，更要建立制度化的长效机制。把整治形式主义、官僚主义作为一项重要的政治任务，作为正风肃纪、反对"四风"的首要任务、长期任务，摆在更加突出位置抓出成效。针对普遍性、苗头性、倾向性问题，分析根源，"靶向治疗"、精准施策，建立管用的制度，在"常和长""深和细""严和实"上花大力气、下真功夫。制定权力边界清晰、责任具体明确、权责匹配衔接的权力清单和责任清单，避免权责不清、推诿扯皮等问题。建立科学选人用人机制，提拔埋头苦干、不事张扬的干部，让能干事者有机会。要健全干部考核评价机制，充分运用考核结果，将其与干部的晋升、福利和待遇等方面利益挂钩。

四、"三不一体"零容忍

习近平总书记在党的二十大报告中强调：只要存在腐败问题产生的土壤和条件，反腐败斗争就一刻不能停，必须永远吹冲锋号。坚持不敢腐、不能腐、不想腐一体推进，同时发力、同向发力、综合发力。以零容忍态度反腐惩恶，更加有力遏制增量，更加有效清除存量，坚决查处政治问题和经济问题交织的腐败，坚决防止领导干部成为利益集团和权势团体的代言人、代理人，坚决治理政商勾连破坏政治生态和经济发展环境问题，决不姑息。二十大党章据此在"不敢腐、不能腐、不想腐"前增写了"一体推进"，以党章的法规效力，保障反腐败斗争长期发力，永不停息。

（一）认识重大意义

一体推进不敢腐、不能腐、不想腐来自习近平总书记对反腐败斗争、全面从严治党规律一以贯之、与时俱进的深刻思考和实践推动。一体推进不敢腐、不能腐、不想腐，深刻揭示了标本兼治、系统施治的反腐败基本规律，是习近平总书记在长期实践中总结提出的原创性理论，是习近平新时代中国特色社会主义思想的重要内容，丰富了党的自我革命战略思想，开辟了从严管党治党新境界。习近平总书记以政治家的深邃思考和战略家的远见卓识，从顶层设计上思考谋划一体推进不敢腐、不能腐、不想腐的有效举措、长久之策，把反腐败斗争纳入党和国家监督体系、融入中国特色社会主义制度和国家治理体系

一体推进不敢腐、不能腐、不想腐

不敢腐 侧重于惩治和威慑
解决的是腐败成本问题，让意欲腐败者在"带电的高压线"面前不敢越雷池半步

不能腐 侧重于制约和监督
解决的是腐败机会问题，让胆敢腐败者在严格监督中无机可乘

不想腐 侧重于教育和引导
解决的是腐败动机问题，让人从思想源头上消除贪腐之念

中，贯穿于管党治党、治国理政生动实践中，指引着中国特色反腐败之路行稳致远。

（二）提高能力水平

一体推进不敢腐、不能腐、不想腐，要坚持系统观念，立足提高"人"的觉悟，发挥"惩"的震慑，体现"治"的功能，筑牢"防"的堤坝，使不敢腐、不能腐、不想腐相互促进、有机融合、一体贯通。坚持以典型的人和事开展警示教育，在推进"不敢腐"时，注重挖掘"不能腐"和"不想腐"功能，查找漏洞，提出纪检监察建议；在推进"不能腐"时，注重吸收"不敢腐"和"不想腐"的有效做法，提升制度建设和监督的针对性；在推进"不想腐"时，注重发挥"不敢腐"的威慑和"不能腐"的约束作用，用好案情通报、忏悔录等反面教材，筑牢思想道德防线，打好高压震慑、建章立制、教育转化"组合拳"，切实增强腐败治理效能。

（三）切实贯彻落实

坚持党中央对反腐败工作集中统一领导，推动健全反腐败工作体制机制。健全党中央统一领导、各级党委统筹指挥、纪委监委组织协调、职能部门高效协同、人民群众参与支持的反腐败工作体制机制。压实各级党委（党组）全面从严治党主体责任特别是第一责任人责任，推动完善管党治党责任格局、管权治吏体制机制，发挥政治监督、思想教育、组织管理、作风整治、纪律执行、制度完善在防治腐败中的重要作用，坚决打好反腐败斗争攻坚战、持久战。

用习近平新时代中国特色社会主义思想武装全党，大力弘扬建党精神，用理想信念强基固本，用优秀传统文化正心明德。经常开展有针对性的党性教育、警示教育。把防治腐败作为系统性工程，强化从源头到末梢的全方位管控，推动各项措施相互配合，增强不敢腐、不能腐、不想腐的协同性。精准运用"四种形态"，充分发挥震慑、促改和教育的综合效应。保持零容忍态度，统筹推进各领域反腐败斗争，建立腐败预警惩治联动机制。抓住关键权力，推动职能部门严格职责权限、强化权力制约，有效防止腐败滋长。

坚持深化纪检监察体制改革，推动健全党和国家监督体系。加强上级纪委监委对下级纪委监委、派出机关对派驻机构的领导，持续深化政治监督，加强对"一把手"和领导班子落实全面从严治党主体责任、履职用权等情况的监督。健全巡视巡察上下联动格局，推动纪律监督、监察监督、派驻监督、巡视监督统筹衔接。完善权力监督制度

健全党统一领导、全面覆盖、权威高效的监督体系

把党内监督和国家监督贯通协同起来，推进纪律监督、监察监督、派驻监督、巡视监督统筹衔接

推动党内监督和人大监督、民主监督、行政监督、司法监督、群众监督、舆论监督以及审计、财会统计监督贯通协同，形成监督合力

和执纪执法体系，促进纪法贯通、法法衔接、纪法情理贯通融合。以党内监督为主导，推动纪检监察监督与人大监督、民主监督、行政监督、司法监督、群众监督、舆论监督，审计、财会、统计专业监督等各类监督力量整合、工作融合，形成全面覆盖、常态长效监督合力。

坚持把一体推进不敢腐、不能腐、不想腐理念贯穿自身建设，打造让党中央放心、让人民群众满意的纪检监察干部队伍。纪检监察机关和纪检监察干部要始终忠诚于党、忠诚于人民、忠诚于纪检监察事业，准确把握在党的自我革命中的职责任务，弘扬党百年奋斗形成的宝贵经验和优良作风，紧紧围绕党和国家工作大局发挥监督保障执行作用，更加有力有效推动党和国家战略部署目标任务落实。纪检监察队伍必须以更高的标准、更严的纪律要求自己，锤炼过硬的思想作风、能力素质，以党性立身做事，刚正不阿、秉公执纪、谨慎用权，不断提高自身免疫力，主动接受党内和社会各方面的监督，始终做党和人民的忠诚卫士。